Gestão estratégica de recursos humanos

Central de Qualidade – FGV Online
ouvidoria@fgv.br

Publicações  FGV Online

COLEÇÃO GESTÃO DE PESSOAS

Gestão estratégica de recursos humanos

João Baptista Brandão

EDITORA
IDE
• online

Copyright © 2013 João Baptista Brandão

Direitos desta edição reservados à
EDITORA FGV
Rua Jornalista Orlando Dantas, 37
22231-010 — Rio de Janeiro, RJ — Brasil
Tels.: 0800-021-7777 — 21-3799-4427
Fax: 21-3799-4430
editora@fgv.br — pedidoseditora@fgv.br
www.fgv.br/editora

Impresso no Brasil/*Printed in Brazil*

Todos os direitos reservados. A reprodução não autorizada desta publicação, no todo ou em parte, constitui violação do copyright (Lei nº 9.610/98).

Os conceitos emitidos neste livro são de inteira responsabilidade do autor.

1ª edição — 2013

Preparação de originais: Alice Moraes Rego de Souza
Editoração eletrônica: FGV Online
Revisão: Beatriz Sobral Monteiro, Milena Clemente de Moraes e Aleidis de Beltran
Capa: Aspectos
Imagem da capa: © Andres Rodriguez | Dreamstime.com

Brandão, João Baptista
Gestão estratégica de recursos humanos/João Baptista Brandão. Rio de Janeiro: Editora FGV, 2013.
188 p. — (Gestão de pessoas (FGV Online))

Publicações FGV Online.
Inclui autoavaliações, vocabulário e bibliografia comentada.
ISBN: 978-85-225-1343-7

1. Recursos humanos. 2. Administração de pessoal. 3. Desenvolvimento organizacional. 4. Pessoal — Avaliação. 5. Planejamento estratégico. I. FGV Online. II. Fundação Getulio Vargas. III. Título. IV. Série.

CDD — 658.3

Aos profissionais que, no dia a dia, fazem acontecer *a gestão de pessoas; grande parte deste livro traduz o que aprendi com eles. E a meus netos, Rafael, de 12 anos, que está sempre perguntando "Por quê?", e Sofia, com a metade da idade dele, que já tem, em seu currículo escolar, temas como inovação, tecnologia, criatividade e liderança. Este livro também sinaliza o que, gestores e líderes, podemos esperar para os próximos anos dessas novas gerações.*

SUMÁRIO

Apresentação	11
Publicações FGV Online	13
Introdução	17
Módulo I – Contexto e importância dos recursos humanos	19
Evolução do RH até final do século XX	22
RH como recurso estratégico	22
RH no passado	24
Evolução do RH	24
Mudanças no ambiente de negócios	27
Mudanças no cenário	27
RH contemporâneo	28
RH como vantagem competitiva	29
Competência como vantagem estratégica	31
Competência e competitividade	31
Papel estratégico da GRH	34
Competências distintivas	36
Alinhamento e desdobramento da estratégia	38
Autoavaliações	41
Módulo II – Mudanças sob perspectiva estratégica	47
Mudanças organizacionais	50
Inovação	50
Conceito de mudança	51
Resistência a mudanças	54
Processo de mudanças no ambiente empresarial	56
Conflito	58
Alta complexidade das mudanças	58

Avaliação do RH como parceiro estratégico 59
Avaliação periódica 59
Modelo integrado da avaliação 62
Mecanismos funcionais de RH 62
Fatores críticos na atuação estratégica de RH 63
Necessidade de inovação 63
Ação estratégica de RH no cotidiano organizacional 64

Autoavaliações 67

Módulo III – Sistemas de atração e de desenvolvimento dos recursos humanos 73
Recrutamento 76
Fatores decisivos para atração e manutenção de profissionais 76
Processo de recrutamento 77
Formas de recrutamento 78
Fontes de recrutamento 79
Perfil esperado 81
Seleção 81
Definição de seleção 81
Dificuldade na escolha de candidatos 82
Função do processo de seleção 83
Aparatos do processo seletivo 84
Treinamento 85
Diferentes formas de treinamento 85
Planejamento e eficácia do treinamento 86
Aplicação do treinamento 88
Planejamento de carreiras 88
Origem da palavra carreira 88
Planejamento e gestão de carreiras 89
Autodesenvolvimento e progressão 91

Autoavaliações 93

Módulo IV – Sistemas de avaliação, remuneração e liderança 99
Motivação 102
Contextualização 102
Definição 102

Processos de motivação ... 103
Competências e desenvolvimento ... 105
  Competência ... 105
Avaliação de desempenho ... 106
  Resultados da avaliação ... 106
  Processo de avaliação e modelo de gestão ... 107
Remuneração e benefícios ... 108
  Situações e questões sobre remuneração ... 108
  Sistema de remuneração ... 110
  Benefícios ... 111
GRH e liderança ... 112
  Aproximação dos conceitos de liderança e motivação ... 112
  Liderança carismática ... 113
  Liderança e gestão ... 114
  Estudo de características do líder ... 116
  Gestão da organização e imagem positiva ... 117
Liderança e trabalho em equipe ... 117
  Definição de equipe ... 117
  Desenvolvimento de equipes e *cluster* ... 118
  Equipe *empowered* ... 119
  Liderança, equipes e papel da GRH ... 120

Autoavaliações ... 121

Vocabulário ... 127

Autoavaliações – Gabaritos e comentários ... 151
  Módulo I – Contexto e importância dos recursos humanos ... 153
  Módulo II – Mudanças sob perspectiva estratégica ... 159
  Módulo III – Sistemas de atração e de desenvolvimento dos recursos humanos ... 165
  Módulo IV – Sistemas de avaliação, remuneração e liderança ... 171

Bibliografia comentada ... 177

Autor ... 179

FGV Online ... 181

Apresentação

Este livro faz parte das Publicações FGV Online, programa de educação a distância da Fundação Getulio Vargas (FGV).

A FGV é uma instituição de direito privado, sem fins lucrativos, fundada, em 1944, com o objetivo de ser um centro voltado para o desenvolvimento intelectual do país, reunindo escolas de excelência e importantes centros de pesquisa e documentação focados na economia, na administração pública e privada, bem como na história do Brasil.

Em todos esses anos de existência, a FGV vem gerando e transmitindo conhecimentos, prestando assistência técnica às organizações e contribuindo para um Brasil sustentável e competitivo no cenário internacional.

Com espírito inovador, o FGV Online, desde sua criação, marca o início de uma nova fase dos programas de educação continuada da Fundação Getulio Vargas, atendendo não só aos estudantes de graduação e pós-graduação, executivos e empreendedores, como também às universidades corporativas que desenvolvem projetos de *e-learning*, e oferecendo diversas soluções de educação a distância, como videoconferência, TV via satélite com IP, soluções *blended* e metodologias desenvolvidas conforme as necessidades de seus clientes e parceiros.

Desenvolvendo soluções de educação a distância a partir do conhecimento gerado pelas diferentes escolas da FGV – a Escola Brasileira de Administração Pública e de Empresas (Ebape), a Escola de Administração de Empresas de São Paulo (Eaesp), a Escola de Matemática Aplicada (EMAp), a Escola de Pós-Graduação em Economia (EPGE), a Escola de Economia de São Paulo (Eesp), o Centro de Pesquisa e Documentação de História Contemporânea do Brasil (Cpdoc), a Escola de Direito do Rio de Janeiro (Direito Rio), a Escola de Direito de São Paulo (Direito GV) e o Instituto Brasileiro de Economia (Ibre) –, o FGV Online é parte integrante do Instituto de Desenvolvimento Educacional (IDE), criado em 2003, com o objetivo de coordenar e gerenciar uma rede de distribuição única para os produtos e serviços educacionais produzidos pela FGV.

Visando atender às demandas de seu público-alvo, atualmente, o FGV Online disponibiliza:

- cursos de atualização via *web*, com conteúdos fornecidos por professores das diversas escolas da FGV;
- desenvolvimento e customização de cursos e treinamentos corporativos, via *web*, com conteúdos fornecidos pelo cliente ou desenvolvidos pela própria FGV;
- cursos e treinamentos semipresenciais estruturados simultaneamente com metodologias presencial e a distância;
- cursos e treinamentos disponibilizados por videoconferência, *webcasting* e TV via satélite com IP;
- TV corporativa;
- modelagem e gestão de universidades corporativas;
- jogos de negócios via internet;
- material didático multimídia – apostilas, vídeos, CD-ROMs.

Ciente da relevância dos materiais e dos recursos multimídia em cursos a distância, o FGV Online desenvolveu os livros que compõem as Publicações FGV Online – com foco específico em pós-graduação –, com a consciência de que eles ajudarão o leitor – que desejar ou não ingressar em uma nova e enriquecedora experiência de ensino-aprendizagem, a educação a distância (EAD) – a responder, com mais segurança, às mudanças tecnológicas e sociais de nosso tempo, bem como a suas necessidades e expectativas.

Prof. Rubens Mario Alberto Wachholz
Diretor do IDE

Prof. Stavros Panagiotis Xanthopoylos
Vice-diretor do IDE

Publicações FGV Online

Atualmente, a educação a distância (EAD) impõe-nos o desafio de navegar por um mar de tecnologias da informação e da comunicação (TICs) aptas a veicular mensagens em diferentes mídias.

Especificamente no que se refere à produção de conteúdos para EAD, independentemente da mídia a ser utilizada, vale ressaltar a importância de alguns princípios gerais. Um deles é a necessidade de o conteúdo apresentar integralidade, ou seja, estrutura coerente, objetiva e completa, já que, ao contrário da prática presencial, as "entrelinhas" do livro didático ou do arquivo *powerpoint* que subsidia as aulas não poderão ser preenchidas, em tempo real, pelo professor.

A modularidade também é muito importante: materiais modulares são alterados mais facilmente, em função do perfil do público-alvo ou de atualizações de conteúdo. Ademais, a modularidade também é uma importante estratégia para o aumento da escalabilidade da oferta de conteúdos em EAD, visto que a construção de unidades mínimas, autônomas e portáteis de conteúdo – os chamados objetos de aprendizagem (OAs) – favorece a criação de múltiplas combinações, que podem ser compartilhadas por diferentes sistemas de aprendizado.

Outro princípio inclui o planejamento de estratégias para atrair a participação dos estudantes que, em sua maioria, não estão acostumados à disciplina necessária ao autoestudo. Assim, é um erro acreditar que não precisemos investir – e muito – em práticas motivacionais na EAD. Por isso, participação e interação precisam ser estruturadas, por meio de jogos, atividades lúdicas, exemplos que favoreçam o desenvolvimento do pensamento dedutivo... donde a importância da simulação e da variedade para atender a motivações diversas, mantendo, assim, a atenção dos estudantes e diminuindo os índices de evasão na EAD.

Repetição e síntese também são princípios que não devem ser esquecidos. Ao mesmo tempo em que oferecem reforço, compensando distrações no ato de leitura – audição, visualização – dos conteúdos e limitações da memória, favorecem a fixação de informações.

Dentre todos esses princípios, entretanto, talvez o mais importante seja o padrão de linguagem utilizado. O caráter dialógico da linguagem – a interação – é um fator determinante da construção do conhecimento. Desse modo, a linguagem a ser empregada é aquela capaz de destacar a dimensão dialógica do ato comunicativo, e não diminuir a voz do estudante. O tom de conversação, portanto, deve ser preferido ao acadêmico. O uso da 1ª pessoa do discurso, a inserção de relatos, exemplos pessoais, frases e parágrafos curtos, bem como de perguntas constituem algumas das estratégias dos profissionais de criação em EAD para dar à linguagem uma face humana individualizada e reconhecível pelos estudantes.

O desenvolvimento de materiais para EAD baseados na *web* não requer menos cuidados. O mesmo tipo de criatividade presente na elaboração do conteúdo deve estar refletido no *layout* de cada tela/página em que ele estará disponível *on-line*. Legibilidade, acessibilidade e navegabilidade são parâmetros que devem nortear desde a construção do *storyboard* (o desenho inicial) do curso até sua finalização.

Na organização do conteúdo *on-line*, sobretudo, a multiplicidade de recursos à disposição dos profissionais de criação é tão útil como perigosa, demandando excessivo cuidado no uso dos elementos mais aptos a facilitar o aprendizado: imagens fixas e cinéticas (gráficos, esquemas, tabelas, fotos, desenhos, animações, vídeos), *hiperlinks*, textos e sons. Até mesmo os espaços em branco – nas páginas impressas ou *on-line* – representam instantes de silêncio que podem favorecer a reflexão dos estudantes, ou seja, usar tudo e de uma só vez não é sinônimo de eficácia e qualidade.

Por exemplo: não podemos ler e ver, ao mesmo tempo; assim, ou as imagens ilustram os textos ou os textos fornecem legendas para as imagens, o que precisa ser planejado. Por sua vez, *hiperlinks* com sugestões de leituras complementares, comentários, verbetes, endereços para pesquisas em *sites*, etc. precisam constituir uma rede desenhada com critério, capaz de, simultaneamente, facilitar o aprendizado e abrir novos caminhos para o aprofundamento de conteúdos ou criarão um caos por onde, dificilmente, o estudante conseguirá navegar com segurança e eficácia.

Partindo da experiência obtida na construção de materiais didáticos para soluções educacionais a distância, o FGV Online desenvolveu as Publicações FGV Online, que visam oferecer suporte aos estudantes que ingressam nos cursos a distância da instituição e oferecer subsídios para que o leitor possa-se atualizar e aperfeiçoar, por meio de mídia impressa, em diferentes temas das áreas de conhecimento disponíveis nas coleções:

- Direito;
- Economia;
- Educação e comunicação;
- Gestão da produção;
- Gestão de marketing;
- Gestão de pessoas;
- Gestão de projetos;
- Gestão empresarial;
- Gestão esportiva;
- Gestão financeira;
- Gestão hospitalar;
- Gestão pública;
- Gestão socioambiental;
- História e ética.

Portanto, ainda que o estudante, aqui, não tenha acesso a todos os recursos próprios da metodologia utilizada e já explicitada para construção de cursos na *web* – acesso a atividades diversas; jogos didáticos; vídeos e desenhos animados, além de biblioteca virtual com textos complementares de diversos tipos, biografias das pessoas citadas nos textos, *links* para diversos *sites*, entre outros materiais –, encontrará, nos volumes da coleção, todo o conteúdo a partir do qual os cursos do FGV Online são desenvolvidos, adaptado à mídia impressa.

A estrutura de cada volume de todas as coleções das Publicações FGV Online contempla:

- conteúdo dividido em módulos, unidades e, eventualmente, em seções e subseções;
- autoavaliações distribuídas por módulos, compostas por questões objetivas de múltipla escolha e gabarito comentado;
- vocabulário com a explicitação dos principais verbetes relacionados ao tema do volume e utilizados no texto;
- bibliografia comentada, com sugestões de leituras relacionadas ao estado da arte do tema desenvolvido no volume.

Direcionar, hoje, a inventividade de novos recursos para ações efetivamente capazes de favorecer a assimilação de conteúdos, a interação e o saber pensar pode ser, realmente, o desafio maior que nos oferece a produção de materiais não só para a EAD mas também para quaisquer fins educacionais, pois os avanços tecnológicos não param e as mudanças dos novos perfis geracionais também são contínuas.

Para isso, precisamos aprender a viver perigosamente, experimentando o novo... e a inovação provém de quem sabe valorizar as incertezas, superar-se nos erros, saltar barreiras para começar tudo de novo... mesmo a experiência mais antiga, que é educar.

Prof. Stavros Panagiotis Xanthopoylos
Vice-diretor do IDE e
coordenador das Publicações FGV Online – pós-graduação

Profa. Mary Kimiko Guimarães Murashima
Diretora de Soluções Educacionais do IDE e
coordenadora das Publicações FGV Online – pós-graduação

Profa. Elisabeth Santos da Silveira
Assessora educacional de Soluções Educacionais do IDE

Introdução

Em *Gestão estratégica de recursos humanos*, identificaremos o desenvolvimento e a alocação das competências que sustentarão a intenção estratégica da organização. A área de recursos humanos (RH) deve atuar como um parceiro estratégico, em face de sua importância na agregação de valor ao negócio e, como consequência, aos clientes.

Sendo assim, o tema predominante neste livro é o papel da gestão de recursos humanos na formação de ativos estratégicos para a empresa, defendendo-se o princípio de que funcionários altamente eficientes e eficazes são um ativo estratégico fundamental. Vistos dessa forma, os funcionários constituem um recurso valioso, raro e de difícil imitação, tornando-se, portanto, fontes de vantagens competitivas mais permanentes.

Abordaremos aqui as principais práticas de RH – recrutamento, seleção, treinamento, gestão de carreiras, avaliação e remuneração – dentro de uma ótica de parceria estratégica. Refletiremos, ainda, sobre as consequências gerais da aplicação de programas de RH em uma perspectiva de parceria estratégica com o desenvolvimento organizacional. Por fim, analisaremos as condições para que possamos implementar esses programas com eficácia e eficiência.

Este livro visa, ainda, analisar políticas e conceitos utilizados na gestão estratégica de recursos humanos, bem como refletir sobre suas contradições e seus desafios. Sob esse foco, este livro foi estruturado em quatro módulos.

No módulo I, trabalharemos, fundamentalmente, com o conceito de *gestão de recursos humanos* (GRH) como poderoso suporte para a materialização dos intentos estratégicos das organizações. Por fim, refletiremos sobre o desenvolvimento das competências humanas como desafio central da gestão estratégica de recursos humanos e o papel da liderança nos processos de mudanças.

No módulo II, daremos foco às mudanças organizacionais sob a perspectiva estratégica. Veremos também temas fundamentais para a garantia do futuro organizacional, tais como inovações e o papel do gestor no cenário de mudanças, bem como os fatores motivadores dessas mudanças, sua implementação e suas consequências. Além disso, abordaremos a importância do RH como parceiro estratégico. Analisaremos, nesse ponto, a importância das avaliações periódicas, bem como as dimensões funcionais e estratégicas do RH. Por fim, trataremos dos fatores críticos na atuação estratégica de RH, considerando as necessidades de inovação e as barreiras que se impõem contra esse processo.

No módulo III, contemplaremos os processos de recrutamento, de seleção, de treinamento e de planejamento de carreiras, contrapondo as tradicionais políticas e práticas fortemente funcionais com as novas perspectivas e demandas estratégicas.

No módulo IV, focalizaremos questões relativas ao processo de avaliação de desempenho, relacionando-o à motivação, às competências, à remuneração e aos benefícios. Analisaremos, também, a forte relação entre a GRH e a liderança, enfatizando como isso se reflete no desenvolvimento do trabalho em equipe e como tudo isso impacta a competitividade das organizações.

O autor

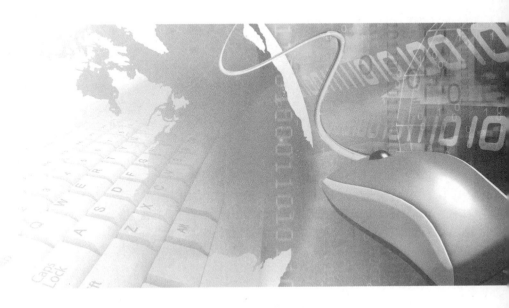

Módulo I – Contexto e importância dos recursos humanos

Módulo I – Contexto e importância dos recursos humanos

Neste módulo, trabalharemos, fundamentalmente, com o conceito da *gestão de recursos humanos* como poderoso suporte para a materialização dos intentos estratégicos das organizações.

Por fim, refletiremos sobre o desenvolvimento das competências humanas como desafio central da gestão estratégica de recursos humanos e o papel da liderança nos processos de mudanças.

Evolução do RH até final do século XX

RH como recurso estratégico

Um dos grandes desafios da gestão contemporânea é conseguir, efetivamente, transformar seus recursos humanos em recursos estratégicos da organização. Pensando nisso, indagamo-nos, então, sobre o que seria *estratégia*.

Em uma explicação mais simplificada, *estratégia* pode ser entendida como um *olhar de cima, para frente*. Em termos organizacionais, seria algo como buscar resultados futuros consistentes, a partir de resultados presentes sustentáveis. Em termos teóricos, segundo os autores Mintzberg e Quinn,[1] "estratégia é o padrão ou plano que integra as principais metas, políticas e sequências de ações de uma organização em um todo coerente".

De forma geral, podemos dizer que a estratégia empresarial busca alcançar uma perspectiva, a partir de planos, de objetivos e de metas desenhados em função das oportunidades vislumbradas e dos recursos mobilizáveis. Nesse sentido, ressaltamos dois eixos diretamente associados e essenciais à estratégia:

- algo a ser concretizado no futuro;
- recursos organizacionais, em que as competências ocupam um lugar de destaque.

De outra perspectiva, o dicionário[2] define *estratégia* como:

1. *Arte militar de planejar e executar movimentos e operações de tropas, navios ou aviões, visando alcançar ou manter posições relativas e potenciais bélicos favoráveis a futuras ações táticas sobre determinados objetivos.*

2. *Arte de explorar condições favoráveis com o fim de alcançar objetivos específicos.*

---

[1] MINTZBERG, H.; QUINN, J. B. *O processo da estratégia*. Porto Alegre: Bookman, 2001. p. 20.
[2] FERREIRA, Aurélio Buarque de Holanda. *Novo dicionário Aurélio da língua portuguesa*. 3. ed. Curitiba: Positivo, 2004. p. 835.

Podemos perceber, em síntese, que *estratégia* não é um fim em si mesmo, é um meio, uma criação de um percurso para alcançarmos um objetivo.

Na linha de raciocínio da definição de *estratégia*, os autores Fernandes e Berton[3] afirmam que a administração estratégica "é o processo de planejar, executar e controlar, conduzindo a organização por meio de uma estratégia ampla, o que abrange as áreas de marketing, de operações, de pessoal e de finanças". Em outras palavras, a administração estratégica contempla a área de pessoal e a coloca junto com outras áreas da organização.

Quando falamos na perspectiva estratégica, estamos incluindo alguns processos críticos para a organização, tais como:

- buscar assumir o controle sobre o destino;
- olhar o futuro e enxergar oportunidades;
- superar e transformar ameaças em oportunidades;
- definir novos rumos para a organização;
- criar a competência de pensar a longo prazo;
- acelerar o processo educacional de praticar a interação e a negociação;
- alinhar pessoas e equipes aos objetivos comuns;
- promover mudanças;
- vender ideias.

A gestão estratégica de recursos humanos, por sua vez, tem de ser entendida e desenhada *vis-à-vis* aos movimentos estratégicos da organização como um todo.

Nesse sentido, estamos falando da preocupação da área de gestão de pessoas com o desdobramento estratégico, o que demanda, necessariamente, novas competências, novas práticas de gestão e novos desenhos da arquitetura organizacional. Tudo isso nos leva a perceber a estreita relação do processo estratégico com a dimensão humana nas organizações.

Por fim, como conceito básico da gestão estratégica de recursos humanos, temos de esclarecer também o que é *gestão*. *Gestão* é cuidar, tomar conta, fazer com que as coisas aconteçam. Portanto, *gestão estratégica* significa cuidar para que os resultados de hoje assegurem os resultados de amanhã.

---

[3] FERNANDES, B. H. R.; BERTON, L. H. *Administração estratégica*: da competência empreendedora à avaliação de desempenho. São Paulo: Saraiva, 2005. p. 9.

RH no passado

As práticas de RH eram, no passado, muito diferentes das adotadas nos dias de hoje. As áreas fundamentais da empresa focalizavam finanças e produção. Sendo assim, quem produzisse e estivesse com as contas em dia ganharia dinheiro. Isso mostra que as pessoas da organização não eram concebidas como *vantagem competitiva*.

Ter *vantagem competitiva* era ter estoques ou produtos. Nessa época, a limitada concorrência permitia uma margem de lucro grande o suficiente para que as empresas não se preocupassem com a eficiência ou com o baixo custo de operação do negócio.

Tudo era repassado para o preço: ineficiência, custos inadequados, inflação, etc. Qualquer um ganhava dinheiro e quem era competente, no sentido de gestão efetiva, ganhava mais. Assim, a equação para a competitividade poderia ser representada da seguinte maneira:

$$C \text{ (custo)} + L \text{ (lucro)} = P \text{ (preço)}$$

A empresa era quem definia os custos, o lucro e o próprio preço. Era a famosa época do *virar a tabela*, favorecida e estimulada pela inflação. Dessa forma, quem deixasse de comprar em um dia correria o risco de, no dia seguinte, ter de comprar pela nova tabela, com novos preços.

No referido contexto, o departamento de RH equivalia a um departamento burocrático de pessoal, que servia apenas para cuidar de aspectos legais e administrativos dos funcionários. As atividades como recrutamento e seleção apenas respondiam às demandas burocráticas do preenchimento de um determinado número de vagas.

Evolução do RH

A partir de uma profunda análise histórica feita por Daniel Bell,[4] em seu clássico livro *The cultural contradictions of capitalism*, podemos

---

[4] BELL, Daniel. *The cultural contradictions of capitalism*. New York: Harper Collins, 1996.

construir uma estimulante perspectiva a respeito da área de RH como recurso estratégico das organizações.

No período histórico-econômico-social com predominância do modelo de negócio chamado de *extrativismo*, há séculos – embora ainda hoje se possa encontrá-lo em regiões menos desenvolvidas do planeta –, com abundância de recursos naturais, a competitividade era assegurada pelo uso intensivo da mão de obra, um recurso, então, escasso.

A mão de obra fornecia força física, energia, isto é, a pessoa fazia as vezes de tração animal – tratava-se de um escravo. Além disso, para fazer as pessoas trabalharem, utilizava-se o chicote, havendo, portanto, um perfil de gestor muito claro: um "capitão do mato". A motivação central do escravo era, em primeiro lugar, manter-se vivo.

Mesmo sendo um modelo de negócio antigo, ainda hoje, temos resquícios das práticas da época do extrativismo em algumas sociedades e em algumas organizações. Para verificarmos, basta olhar, atentamente, para certas práticas de gestão em algumas empresas.

A partir do século XVII, começou o período chamado de *fabricação*, que ainda está fortemente presente. Na *fabricação*, as sociedades saltam da dimensão rural para a da industrialização, salto esse permitido pela maior disponibilidade de energia e pelo uso intensivo do capital, recurso, então, escasso e que caracteriza o fator central da competitividade.

O homem, que no *extrativismo* era mão de obra, passa a ser, na *fabricação*, o recurso-máquina, tão bem demonstrado no filme *Tempos modernos*,[5] de Charles Chaplin. Já o perfil do gestor é bem caracterizado pelo nome do cargo dos encarregados de produção em algumas fábricas de então, a saber: *feitor*.

As grandes responsabilidades das áreas de pessoal na época da fabricação, no Brasil, já diziam como se entendia o processo de motivação dos empregados: pelos benefícios; pela segurança e higiene do trabalho; e pela assistência social. Institucionalmente, o Serviço Social da Indústria (Sesi) e o Serviço Social do Comércio (Sesc) representam essas áreas no Brasil.

A motivação era, portanto, o bem-estar, a segurança e a permanência no emprego, pois tudo isso leva ao atendimento de demandas mate-

---

[5] TEMPOS modernos. Direção: Charles Chaplin. Produção: Charles Chaplin. Intérpretes: Charles Chaplin; Paulette Goddard; Henry Bergman e Tiny Sandford. Estados Unidos: United Artists/Charles Chaplin Productions, 1936. 87 min.

riais básicas (compra e acúmulo de bens de consumo, compra a prazo da casa própria, etc.). Associados à compra de bens materiais, vinham a sensação de conquista e o orgulho de desenvolver algo bem-feito.

Os programas típicos de treinamento de liderança orientavam-se pelas atribuições essenciais do trabalho fabril – o chamado PDCA. Tal sigla se forma pelas seguintes palavras do inglês: *plan*, *do*, *check* e *act*, respectivamente, em português, planejar, fazer, controlar e corrigir.

Durante o período da fabricação, seguindo a proposta do PDCA, poucos na organização incumbiam-se do planejamento, e os operários apenas faziam. Os gerentes e encarregados, por sua vez, apenas controlavam e corrigiam. A premissa era a de que, caso fosse gasto bastante tempo para elaborar um *planejamento perfeito*, sobraria pouco para corrigir no chão de fábrica.

Na década de 1980, começa a se acentuar, no Brasil, o período chamado *processamento*. Nessa época, o uso intensivo do conhecimento para processar informações – um recurso tornado abundante – muda a natureza da competitividade. Foi preciso, então, desenhar a organização para trazer para dentro desta o conhecimento e fazer dele o diferencial competitivo.

Passou a ser necessário buscar e reter profissionais talentosos, bem preparados em termos de educação formal e com complementação acadêmica na área de negócios, línguas, etc. Nessa mesma época, acentuam-se os programas de *trainees*, hoje complementados com os típicos *Master of business administration* (MBAs), as grandes organizações, que saíram na frente, dispararam em termos de obtenção desses novos talentos.

Quanto ao perfil do gestor, no período do processamento, também verificamos mudanças. Incorporam-se características mais de orientação, apoio às equipes, *coaching*, etc. Saltamos, portanto, do caráter controlador, para o de *coordenador*.

Estudiosos de administração passam a valorizar a gestão que prioriza o desenvolvimento das pessoas como fator decisivo para o futuro das organizações. A motivação desses profissionais reflete-se nos programas típicos de gestão de pessoas, tais como os de promoção e carreira, plano de seguridade e apoio à educação continuada.

Mudanças no ambiente de negócios

Mudanças no cenário

Como vimos na unidade anterior, o cenário no mundo dos negócios mudou muito desde os tempos em que o RH constituía um setor meramente burocrático na empresa.

Em termos gerais, competições acirradas, abertura dos mercados, avanço da tecnologia e crises econômicas levaram as empresas a enfrentar desafios até então desconhecidos. Um desses desafios se relaciona com os clientes, os quais passaram a ter opções de produtos e serviços, oferecidos, basicamente, pelos mesmos preços e com padrões comparáveis de qualidade.

Quem dita os preços deixa de ser a empresa e passa a ser o mercado e, com isso, a tecnologia, as matérias-primas e os processos tornam-se mais disponíveis e a custos cada vez mais similares e baixos.

A equação que envolve custo, preço, lucro e prejuízo muda drasticamente, passando a ser representada da seguinte forma:

$$C - P = L \text{ ou } Pr$$

Em detalhes, essa equação representa o custo (C), que, de certa forma, a empresa pode gerir, *menos* o preço (P), agora determinado pelo mercado, *igual* ao lucro (L) ou prejuízo (Pr), que dependem diretamente das competências da organização, em gerar valor percebido pelo cliente.

Com os preços baixando cada vez mais, os custos também têm de cair, asfixiando as empresas. Por outro lado, o cliente, e a quem, até então, *empurravam-se* produtos e preços, passa a ser, efetivamente, o *rei*, pois, agora, pode escolher, comparar e não precisa comprar apressadamente, com medo da escassez e da inflação.

Considerando que todos acabam tendo o preço, praticamente, no mesmo patamar, o diferencial, em termos de lucro e de rentabilidade para as organizações, tornou-se muito mais complexo, pois passou a requerer:

- a redução de custos, como condição obrigatória;
- os ganhos de produtividade, também como condição obrigatória;

- as estratégias adequadas de suprimentos e distribuição, igualmente como condição de obrigatoriedade;
- a inovação contínua em produtos, serviços, processos, modelos de gestão, modelos de negócios, como condição distintiva para a competitividade;
- a fidelidade dos clientes, como condição para uma vantagem competitiva sustentada.

Dessa forma, a qualidade deixa de ser um diferencial e passa a ser uma exigência de mercado, uma condição necessária. Ao mesmo tempo, as necessidades de encontrar diferenciais para a empresa crescem. Eis o momento em que o papel da gestão de RH muda, uma vez que esses diferenciais não podem decorrer apenas da tecnologia, dos processos e dos atributos de qualidade.

As empresas têm de reconhecer seus recursos humanos como sendo um fator – se não o único – que constrói e que cria diferenciais agregadores de valor. Os recursos humanos de qualidade passam, então, a ser percebidos como vantagens distintivas, o que torna o sistema de RH um departamento estratégico, visto que identifica, atrai, desenvolve e mantém as pessoas competentes.

RH contemporâneo

O conhecimento, até então um recurso escasso, transforma-se em *commodity*; a proliferação dos programas de *trainnes* nas organizações revela a ênfase e a facilidade que se dava à incorporação intensiva do conhecimento. A internet, com seus *sites* de busca e pesquisa, acentuou o processo de tornar o conhecimento barato e disponível.

Por outro lado, profissionais talentosos almejam, de forma rápida, materializar realizações na esfera organizacional. Além disso, esses profissionais querem também assegurar um estilo de vida que não comprometa suas dimensões pessoais, sociais e familiares.

As empresas vinham praticando, com extrema violência, processos de enxugamento e fusões. Em função disso, os profissionais também se sentiram pressionados a desenvolver agendas pessoais que, não necessariamente, passavam por vínculos muito permanentes com uma dada empresa.

Essa nova demanda por parte dos profissionais fez com que algo inesperado começasse a permear o ambiente de negócios. Em outras palavras, *o vestir a camisa da empresa*, comumente difundido em fases anteriores, começou a mudar para *o que a empresa agrega de valor à minha vida pessoal e profissional*.

O profissional quer sim continuar sendo pago (que é a função do salário), mas, quer também ganhar (função da premiação). Além disso, o profissional quer encontrar sentido naquilo que faz.

Se, há alguns poucos anos, o conhecimento era entendido como fator distintivo da competitividade organizacional, agora, uma nova dimensão emerge. O que passa a ser valioso e raro para se assegurar a competitividade são dois fatores: a inteligência e a disposição para a inovação dos colaboradores.

Até então, as empresas tinham certo controle sobre a produção de seus recursos humanos. Em certas organizações e tipos de trabalho, as empresas tinham um controle praticamente absoluto dessa produção. Entretanto, nesse novo cenário, como fazer para que as pessoas *produzam inteligência*?

Não podemos, simplesmente, chegar de manhã e ordenar às equipes que comecem a inovar, criar, ter *insights*. É preciso algo muito mais complexo, é preciso criar um ambiente que faça emergir, que estimule e que valorize o engajamento e a disposição que isso tudo requer.

O desafio da competitividade contemporânea é, portanto, desenhar a organização para que ela seja cúmplice da atração, da retenção e da *performance* criativa de seus profissionais.

O PDCA anterior poderia ser agora traduzido da seguinte forma, a partir da mistura entre o inglês e o português: **planejar**, *fazer* (**do**), **criar**, **aprender**. Mas não nos devemos esquecer, obviamente, das atividades **controlar** e **corrigir** – que têm origem nos termos *check* e *act*. Isso é, em outras palavras, o mesmo que gestão estratégica de recursos humanos.

RH como vantagem competitiva

A perspectiva estratégica da área de gestão de recursos humanos (GRH) transforma seus funcionários em importante vantagem competitiva. Dito de outro modo, quando bem aproveitados e estimulados, os recursos humanos de uma empresa transformam-se em importante recurso estratégico para uma maior competitividade.

Esse enfoque estratégico da área de GRH implica, basicamente, algumas funções que devem ser realizadas por determinados setores da organização. Vejamos:

- os profissionais da GRH devem entender de negócios em geral e do negócio em particular para, a partir de sua lógica, desenhar um modelo de GRH consistente;
- a alta administração deve reconhecer a importância da área de RH para o desenvolvimento da empresa e apoiar práticas que confirmem essa importância.

Além disso, o enfoque estratégico implica o alinhamento da GRH ao desdobramento estratégico, para que a organização tenha políticas e práticas singulares de gestão de pessoas.

O recurso estratégico reúne propriedades como *valor*, *raridade* e *difícil imitação*, qualidades presentes e insubstituíves nas pessoas e que as tornam um recurso distintivo da competitividade empresarial. Vejamos, a seguir, como podemos caracterizar cada uma dessas propriedades.

O *valor* tanto diz respeito à eficiência profissional quanto à eficácia. A eficiência refere-se ao fazer bem-feito o que deve ser feito, agregando valor às atividades e aos processos. A eficácia, por sua vez, consiste em identificar o que deve ser feito e em criar valor percebido e atraente para os clientes, consequentemente, para o negócio.

Caso tenha competências valiosas, mas comuns, abundantes, a organização possui condições apenas necessárias, mas não suficientes, em termos de vantagens competitivas. Isso apenas lhe dá condições de *entrar no jogo*. Dessa forma, é vital para as organizações procurar desenvolver, explorar e transformar competências e, por meio das consequências, transformar desempenhos profissionais em características raras.

Por outro lado, possuir algo valioso e raro não fornece, necessariamente, uma blindagem à imitação. Portanto, embora possamos ter resultados importantes no curto prazo, nada impede que estes sejam alcançados pela concorrência em médio e longo prazos.

Algumas políticas e práticas de gestão são condições que dificultam e, em muitos casos, impedem a imitação. Essas políticas e práticas de gestão consistentes sustentam-se e dão legitimidade à cultura empresarial; promovem um clima organizacional estimulante, facilitando a sinergia de equipes e também reconhecem o comprometimento, a inovação, o empreendedorismo interno.

Nesse sentido, um ambiente organizacional adequado e preocupado com as políticas e práticas de gestão, que levam à vantagem competitiva, pode fazer a diferença. O exemplo a seguir mostra-nos como isso tem ocorrido nas empresas, considerando o tratamento dado ao *erro*.

A mentira é sempre uma realidade presente e absolutamente indesejável em uma organização. Da mesma forma, a negligência, que também é uma realidade presente nas organizações, mina recursos e deteriora o ambiente de trabalho. Por outro lado, o erro, que é uma realidade só reconhecida posteriormente, resulta de uma busca consciente por um acerto que não saiu como o esperado.

O insucesso resultante de um erro é fonte poderosa de aprendizagem, pois, se percebido enquanto *indício*, permite revisão e, consequentemente, pode tornar-se sucesso. Entretanto, com frequência, simplesmente punimos o erro nas organizações, estimulando comportamentos de mentira e de negligência.

Em síntese, o exemplo nos mostra que só podemos falar em empreendedorismo interno e inovação se a organização possui uma política clara e consistente de gestão e aceitação de erros.

Competência como vantagem estratégica

Competência e competitividade

Algumas organizações orientam sua perspectiva estratégica pela chamada *estratégia baseada em recursos*. Em síntese, a partir de seus recursos tangíveis e intangíveis, tais organizações procuram identificar quais competências podem ser sustentadas por esses recursos. Dessas competências, elegem poucas, que são *embaladas* como base do valor que oferecem aos clientes, materializando-se em sua competitividade.

Não são poucas as organizações que identificam em seu capital humano a essência de sua competitividade. Dessa forma, fica evidente, nesses casos em particular, o papel central da GRH.

Falta-nos, ainda, uma definição mais clara sobre o que é competência. *Competência* é a manifestação, em um desempenho distintivo, de como um indivíduo combina seus conhecimentos, suas habilidades, seus interesses e seus valores. Essas competências podem ser categorizadas em competências relacionadas a lidar com:

- coisas concretas;
- informações e conhecimentos;
- interações sociais;
- conceitos.

No que concerne às competências, é importante realçarmos uma distinção.

Vender – realizar vendas –, por exemplo, é uma competência que pode ser incluída na categoria *lidar com interações sociais*. Se a pessoa preza a transparência nas negociações de vendas, isso faz parte de sua competência, porque a pessoa está incluindo aqui um valor que orienta seu processo de relacionamento.

Já se a pessoa for rigorosa com detalhes e registrar tudo, isso também faz parte de suas competências, em termos de seu jeito de ser. Da mesma forma, percebemos que certas pessoas têm um desempenho mais sereno do que outras, que agem de forma mais ansiosa. Isso até pode afetar seu desempenho, mas diz respeito a um estado psicológico de como a pessoa se sente ao realizar uma atividade e nada impede que ela tenha um desempenho satisfatório.

Por isso, talvez, muitas empresas cometam o equívoco de rotular pessoas com pressupostos mais ou menos proferidos da seguinte forma: "Roberto é introvertido e, por isso, não *serve* para o setor de vendas". Contudo, não é no traço *introversão-extroversão* que está a medida do desempenho em vendas – a não ser, evidentemente, quando esse traço afeta claramente seus resultados.

Um dos mais importantes textos sobre competitividade empresarial é o livro *Competindo pelo futuro*, de Prahalad e Hamel,[6] no qual se aborda, de forma ampla, as competências essenciais das organizações. Essas

---

[6] PRAHALAD, C. K.; HAMEL, G. *Competindo pelo futuro*: estratégias inovadoras para obter o controle do seu setor e criar os mercados de amanhã. Tradução de Outras Palavras. Rio de Janeiro: Elsevier, 2005.

competências são as que conferem vantagem competitiva às empresas, indicando um valor percebido pelos clientes.

Muitas dessas competências essenciais, fundamentais à materialização das intenções estratégicas de uma empresa, estão presentes em seus recursos humanos. Portanto, considerando sua singularidade, essas competências são difíceis de serem imitadas por outras organizações.

Ressaltamos, uma vez mais, que o desdobramento da estratégia em ações relacionadas às competências dos profissionais pode representar passo decisivo para a competitividade da organização. Essas competências centrais tratam, basicamente, de conhecimentos, habilidades, tecnologias e sistemas físicos e gerenciais que façam parte da organização.

Recorremos a Fernandes e Berton[7] para aprofundarmos um pouco mais a questão das competências essenciais. Para os autores:

> [...] as competências essenciais são uma combinação de tecnologias – know-how – individuais e habilidades de produção que suportam as linhas de produto atuais e futuras da empresa. Essas competências resultam do aprendizado coletivo, alinhando todos os processos da organização.

Vemos, por meio da citação, que na perspectiva da GRH, a gestão *por* ou *das* competências está diretamente associada à estratégia empresarial. Isso porque, quando apropriadas pela organização, essas competências sustentam a busca de seus objetivos.

Da perspectiva de Prahalad:[8]

> [...] uma empresa é um portfólio de competências essenciais, uma combinação de várias tecnologias (hard e soft), de aprendizado coletivo (multinível, multifuncional) e de capacidade de compartilhar (além das fronteiras empresariais e geográficas). Uma competência essencial pode ser representada como uma função multiplicadora desses três elementos.

---

[7] FERNANDES, B. H. R.; BERTON, L. H. *Administração estratégica*: da competência empreendedora à avaliação de desempenho. São Paulo: Saraiva, 2005. p. 96.

[8] PRAHALAD, C. K. Reexame de competências. *HSM Management*, São Paulo, ano 3, n. 17, p. 44-45, nov./dez. 1999.

Esses conceitos nos levam a pensar nos desafios da GRH para fazer com que as competências da organização sejam, efetivamente, recursos distintivos de sua competitividade. Um desses desafios é saber como fazer do compartilhamento e da aprendizagem coletiva práticas incorporadas na cultura organizacional, que não é prescritiva, e sim descritiva.

É preciso que a prática e o ensinamento dos novos integrantes façam parte do cotidiano e sejam percebidos como base de resultados positivos. Isso é vital não apenas pelo compartilhamento em si, mas como processo natural de incorporação de novos profissionais e, portanto, de novos conhecimentos.

Outro desafio da GRH relaciona-se a como identificar e separar, em um ambiente globalizado, conhecimentos ou competências transferíveis dos conhecimentos ou competências de aplicação regional singular.

Por fim, a GRH precisa, ainda, saber como eliminar ou lidar com resistências a novos modelos de pensar, aprender, criar, resolver situações concretas e, na mesma medida, como fazer conviver modelos diferentes que podem e devem coexistir para assegurar um ambiente diversificado.

Papel estratégico da GRH

Considerando o valor fundamental que as competências representam para os movimentos estratégicos das organizações, fica evidente a relevância do papel estratégico da GRH. Portanto, programas de captação, de desenvolvimento e de retenção dessas competências essenciais materializam a função verdadeiramente estratégica da GRH.

Essa materialização ocorre paralelamente a sua também estratégica responsabilidade no desenho e no aprimoramento de um ambiente organizacional estimulante, de onde possam emergir essas competências.

Para consolidar sua função estratégica, a GRH deve, basicamente:

- alinhar as competências de todos os níveis da empresa aos movimentos estratégicos da organização, nos curto, médio e longo prazos, com ênfase no corpo gerencial;
- desenhar sistemas de avaliação, de remuneração, de desenvolvimento e de planos de carreira compatíveis com os desdobramentos estratégicos da organização para o presente e para o futuro;

- assegurar mecanismos de implementação e gestão das mudanças requeridas pelos movimentos estratégicos.

A aplicação da função estratégica relaciona-se, também, a uma política adequada de GRH, a qual deve contemplar, evidentemente e de forma consistente, os diferentes problemas do cotidiano, além de fazer repercutir, necessariamente, a visão, a missão, os valores e as diretrizes gerais da organização.

Nesse sentido, se o negócio ou a estratégia da empresa sustenta-se em equipes de trabalho, logicamente, a empresa deve:

- selecionar profissionais que respondam bem ao trabalho com outras pessoas;
- notar que são fundamentais as competências relativas à comunicação, à formação de equipes, aos trabalhos em projetos, à negociação;
- assegurar que os sistemas de avaliação e de remuneração, nesses casos, também contemplem, prioritariamente, o desempenho das equipes.

Por outro lado, organizações ou áreas com forte foco no trabalho individual – áreas de vendas e alguns sistemas de produção – devem ter políticas e práticas correspondentes de gestão de pessoas.

De maneira geral, vimos que as políticas e as práticas de gestão associadas à GRH devem guardar forte coerência interna. Esse é um aspecto importante ao qual se deve atentar, visto que um dos maiores problemas de desajustes nas organizações, em termos de pessoas, vem diretamente de um sistema de GRH não coerente.

Em termos de pessoas, a desmotivação, o *turnover* e o não comprometimento são alguns exemplos de problemas que levam aos desajustes nas organizações.

Por outro lado, às vezes, a maior provocadora desses desajustes é a prática inconsistente do dia a dia, como ocorre quando um funcionário percebe certa hipocrisia ou cinismo por parte da empresa, que afirma certos preceitos e pratica outros bem diferentes.

Nesses casos, a liderança é fundamental e é por isso que a GRH, em sua perspectiva estratégica, é também uma *auditora* da consistência entre as políticas e as práticas de gestão de pessoas. Consequentemente, em nenhuma hipótese, a GRH pode ser incoerente.

A experiência tem mostrado que não existe, por si, um *melhor* modelo de gestão de pessoas; existem, sim, modelos singulares consistentes. Isso leva para os funcionários a sensação e a certeza de que as coisas vão funcionar *conforme o combinado*.

Sobre a questão da consistência, sabemos que o dia a dia nas empresas apresenta uma série de armadilhas, sendo algumas recorrentes. Isso pôde ser constatado por meio de levantamentos feitos com alunos de cursos de especialização em administração que trabalham em importantes empresas nacionais e globais.

Tendo em vista as dificuldades relacionadas à consistência, muitas vezes, perguntamo-nos sobre qual seria o principal problema na gestão de pessoas nas organizações. As respostas a essa pergunta, invariavelmente, concentram-se nos seguintes itens:

- má gestão do fluxo multilateral do conhecimento na organização;
- falta de alinhamento entre estratégia, liderança e equipes;
- distanciamento entre o gestor e seus subordinados;
- falta de clareza e transparência;
- ausência de sistemas regulares de reconhecimento;
- gerenciamento deficiente de competências.

Notamos que essas percepções a respeito dos problemas relacionados à gestão de pessoas parecem um contrassenso. Em geral, os valores ou princípios de gestão da maioria das empresas pregam exatamente o alinhamento, a transparência, o compartilhamento. Entretanto, muitas vezes, esses princípios não funcionam e, exatamente porque não funcionam, fica evidente o problema de consistência.

Competências distintivas

A autora Jim Kochanski[9] faz uma pergunta que, de tão frequente, ora parece não ter mesmo resposta, ora demonstra que a resposta está *diante de nossos olhos*, mas não conseguimos enxergá-la: "Por que será que

---

[9] KOCHANSKI, Jim. Mais e melhores competências. *HSM Management*, São Paulo, ano 2, n. 11, p. 24-26, nov./dez. 1998.

os gerentes, em sua maioria, não praticam um gerenciamento de pessoas sensato? O que devemos fazer para mudar isso?". A resposta é simples, embora, evidentemente, não tão fácil de praticar.

Sabemos que o elenco de competências utilizadas em uma organização é bastante extenso; porém, as competências que fazem realmente a diferença não são tantas assim. A resposta está, portanto, na identificação dessas competências distintivas.

Para compreender a ideia de competências distintivas, é preciso reconhecer o pressuposto de que tais competências diferenciam o desempenho superior do desempenho padrão. O desempenho padrão pode ser necessário para a estabilidade dinâmica dos processos e o superior assegura a distinção.

As perguntas-chave para iniciarmos o processo de identificação das competências distintivas são as seguintes: O que os profissionais de *performance* superior fazem de forma recorrente? O que caracteriza seu padrão de excelência?

Em geral, são profissionais orientados pelo pressuposto de que o *bom é inimigo do ótimo*. Nesse sentido e para esse efeito, *competência* não é o que todo mundo faz, mas aquilo que é muito bem-feito e, provavelmente, feito por poucos. Um desafio complexo da GRH é ampliar essa ordem de grandeza.

Existem, por outro lado, algumas armadilhas presentes na identificação de competências. É o que veremos a seguir.

Quando falamos em competências, as organizações sinalizam a oferta ou o estímulo a programas de treinamento e desenvolvimento, internos e externos. Como consequência, os empregados imaginam-se praticando essas novas competências, sendo avaliados por seus desempenhos a partir dessas competências. Sendo assim, os empregados criam expectativas em relação à carreira e do como ou quanto serão remunerados em função desses novos desafios.

Quando o funcionário tem suas expectativas aumentadas em função do que ele vê como promessas da empresa, o não atendimento dessas expectativas o faz retornar a patamares bem inferiores às condições motivacionais em que se encontrava anteriormente. Isso pode, portanto, configurar-se como uma armadilha.

Existem ações como *avaliação de clima* que capturam bem as frustrações dos empregados, que geram sentimentos de subaproveitamento, de acomodação, de descrença, etc. Tais sentimentos comprometem, profundamente, os interesses operacionais e estratégicos da organização.

Para superar essas armadilhas, na prática, a GRH deve, continuamente, rever suas políticas para fazer frente à evolução dessas demandas, desenvolvendo mecanismos estimulantes de aproveitamento e reconhecimento.

Alinhamento e desdobramento da estratégia

A GRH sustenta as competências essenciais humanas requeridas para a efetividade dos movimentos estratégicos da organização com a aquisição ou o desenvolvimento desses recursos estratégicos. Em outras palavras, a partir dos desdobramentos dos objetivos e das metas nas dimensões financeiras, de mercado e de processos, a GRH mapeia as competências requeridas para atingir esses objetivos e essas metas.

Os movimentos estratégicos da organização são consequência de um processo de análise que, via de regra, mapeia forças e fraquezas internas, bem como ameaças e oportunidades externas à organização – o clássico *modelo* SWOT (*strengths*, *weaknesses*, *opportunities* e *threats*). Em função disso, a sintonia fina da GRH com a estratégia competitiva da organização configura, também, suas dimensões internas e externas.

É importante perceber que a aderência entre a organização como um todo e a GRH tipifica seu papel de *parceiro estratégico*. Com isso, o desenho de cada prática de RH e a forma como essas são integradas devem responder à seguinte pergunta: Como tais práticas e a GRH, como um todo, podem contribuir para o desenvolvimento das competências centrais requeridas pela organização?

Para compreendermos o papel das competências na organização, precisamos percorrer um caminho que vai da *visão de negócios* à *visão do futuro* daquele negócio em particular. Afinal, a GRH mapeia as competências com base nesses fatores.

A visão de negócio de uma empresa antevê uma oportunidade de realização econômica; diversos fatores, tais como recursos disponíveis, valores e necessidades de empreender ou de resolver situações específicas, parametrizam a visão de um futuro específico que a organização vai buscar materializar.

Por exemplo, os empreendedores da empresa aérea Gol devem ter tido a visão da empresa ao vislumbrar uma oportunidade de conseguir resultados econômicos com uma empresa aérea com um posicionamento de preços baixos; para tanto, desenharam uma empresa que, para ter preços baixos, opera com um modelo de baixos custos.

Assim, enquanto criamos a empresa – ou depois que a criamos –, fazemos a leitura dos cenários que a cercam e, a partir disso, construímos a visão do futuro de determinado negócio. Em seguida, definimos os objetivos – onde queremos estar ou chegar em um dado futuro.

Esses objetivos sugerem as metas – com prazos –, que levam ao acompanhamento e ao alcance dos objetivos. Os objetivos, por sua vez, levam à concretização do futuro imaginado ou planejado.

No processo de construção da visão do futuro do negócio, são identificadas as competências necessárias para cumprirmos as metas estabelecidas e, como consequência, os objetivos e o futuro. É, então, como participantes-protagonistas desse processo estratégico que consolidamos a natureza estratégica central da GRH.

Além disso, garantindo as competências humanas para a realização das metas, a GRH insere-se, visceralmente, na construção e materialização do presente e do futuro da organização. Dessa forma, podemos vislumbrar, na figura a seguir, um esquema estratégico das organizações:

Figura 1
ESQUEMA ESTRATÉGICO DAS ORGANIZAÇÕES

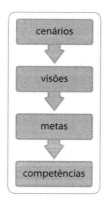

Autoavaliações

Questão 1:

Vivemos em uma época de preços cada vez mais baixos. Em função disso e também em função do amplo poder de escolha do cliente, os preços acabam sendo fixados em um patamar muito semelhante.

Nesse cenário, para que as empresas sejam lucrativas e rentáveis, torna-se necessário:

a) aumento de custo.
b) fidelização dos clientes.
c) manutenção do padrão de produtos e serviços.
d) abandono de estratégias de suprimentos e distribuição.

Questão 2:

É sempre preciso avaliar se os investimentos em gestão de recursos humanos estão proporcionando retorno à empresa.

Nessa avaliação, deve-se considerar que, em uma perspectiva estratégica, a principal função da área de gestão de recursos humanos é contribuir para que a empresa obtenha:

a) lucros adicionais.
b) apoio à organização.
c) vantagem competitiva.
d) diferencial estratégico.

Questão 3:

Os recursos humanos, se bem aproveitados, representam importante recurso estratégico para aumentarmos a competitividade.

Sobre as propriedades do recurso estratégico, é **incorreto** afirmar que, entre elas, temos:

a) a raridade.
b) a previsibilidade.
c) o valor de eficiência.
d) a dificuldade de imitação.

Questão 4:

Quando a qualidade deixou de ser um fator de competitividade e tornou-se uma exigência do mercado, um outro fator passou a ser visto como gerador de diferenciais agregadores de valor.

Podemos dizer que esses diferenciais são gerados, principalmente:

a) pela tecnologia.
b) pelos processos.
c) pelos recursos humanos.
d) pelas ações das empresas na bolsa.

Questão 5:

Podemos dizer que competência é a manifestação, em um desempenho distintivo, de como um indivíduo combina seus conhecimentos, suas habilidades, seus interesses e seus valores.

Entre as categorias de competências, **não** temos uma categoria relacionada à competência de lidar com:

a) custos.
b) coisas concretas.
c) interações sociais.
d) informações e conhecimentos.

Questão 6:

Um dos grandes desafios da gestão contemporânea é conseguir efetivamente transformar recursos humanos em recursos estratégicos da organização.

Podemos definir estratégia, de forma simplificada, como:

a) uma ação objetiva e infalível.
b) um olhar de cima, para frente.
c) uma forma de ir além dos limites.
d) uma maneira desleal de competir.

Questão 7:

Quando falamos na perspectiva estratégica, estamos incluindo alguns processos críticos à organização.

Entre esses processos, **não** podemos apontar o processo de:

a) definir novos rumos à organização.
b) priorizar o pensamento a curto prazo.
c) buscar assumir o controle sobre o destino.
d) superar e transformar ameaças em oportunidades.

Questão 8:

Na década de 1980, vimos a emergência, no Brasil, do período chamado de processamento, no qual houve uma mudança no perfil do gestor.

Nessa mudança, podemos afirmar que o perfil do gestor passa a ser o de:

a) amigo.
b) treinador.
c) controlador.
d) coordenador.

Questão 9:

Embora o conhecimento fosse entendido como fator distintivo da competitividade organizacional, recentemente, uma nova dimensão emergiu.

Podemos afirmar que, nessa nova dimensão, passaram a ser vistos como raros e valiosos:

a) a tradição e o conhecimento técnico.
b) a competitividade e a busca pela perfeição.
c) a inteligência e a disposição para a inovação.
d) a preservação das formas de trabalho e o autocontrole dos funcionários.

Questão 10:

A visão de negócio da empresa é criada a partir de diversos fatores.
Entre os fatores que constituem a visão de negócios, podemos citar:

a) os clientes.
b) os valores.
c) os gerentes.
d) os concorrentes.

Módulo II – Mudanças sob perspectiva estratégica

Módulo II – Mudanças sob perspectiva estratégica

Neste módulo, daremos foco às mudanças organizacionais sob a perspectiva estratégica. Veremos também temas fundamentais para a garantia do futuro organizacional, tais como inovações, o papel do gestor no cenário de mudanças, bem como os fatores motivadores dessas mudanças, sua implementação e suas consequências.

Além disso, abordaremos a importância do RH como parceiro estratégico. Analisaremos, nesse ponto, a importância das avaliações periódicas, bem como as dimensões funcionais e estratégicas do RH.

Por fim, trataremos dos fatores críticos na atuação estratégica de RH, considerando as necessidades de inovação e as barreiras que se impõem contra esse processo.

Mudanças organizacionais

Inovação

A organização pode optar por ficar *fazendo a mesma coisa* ou *mais do mesmo* por um longo tempo. Essa estabilidade dinâmica da organização é necessária para que tenhamos eficiência e seus respectivos resultados. Entretanto, é evidente que algo na organização ou da organização (ou tudo nela) deve ficar obsoleto ou, por outro lado, passar por excessivas inovações, o que pode resultar em uma instabilidade operacional insuportável.

Dessa forma, entre a estabilização dinâmica e a inovação intensa, a organização escolhe uma resultante entre esses dois eixos, que representa seu movimento estratégico. O equilíbrio entre a estabilização e a inovação relaciona-se, de certa forma, ao termo *sustentabilidade*. Fala-se hoje sobre um significado interessante para tal termo, que se traduz na reflexão a seguir.

A organização toma consciência de que não vai conseguir, daqui a cinco anos, por exemplo, obter resultados tão significativos quanto os que obtém atualmente, fazendo as mesmas coisas e do mesmo jeito que hoje. Em outras palavras, se a organização não *plantar* inovações contínuas a partir de hoje, sem perder de vista os resultados presentes que asseguram o futuro, daqui a cinco anos ela pode estar morta.

Diante da necessidade de inovação, perguntamo-nos, especificamente, sobre sua aplicabilidade nas organizações. Nesse sentido, verificamos que as inovações organizacionais podem ocorrer nos:

- produtos;
- processos;
- modelos de gestão;
- modelos de negócio;
- modelos de capital.

De qualquer forma, qualquer que seja a escolha, parte importante desses processos de inovação está sustentada nas competências dos profissionais. Assim, quem não consegue lidar bem com a flexibilidade e com as mudanças não consegue acompanhar o ritmo da organização.

Por outro lado, quem convive e gerencia isso de forma consciente, criativa e responsável tem chances de desenvolver-se com sucesso.

Outro fator que não há como ignorarmos é que na agenda do gestor de negócios (em geral) e na do gestor de pessoas (em particular) a geração de mudanças, a complexidade de sua gestão e de suas consequências são preocupações assinaladas em destaque. Consequentemente, na agenda da GRH, tais aspectos devem merecer atenção permanente.

Vivemos em um cenário em que mudanças rápidas, profundas e descontínuas se impõem; portanto, quem não conseguir se adaptar pode não sobreviver. Isso nos mostra que temos de estar atentos e dispostos também a mudar ou seremos mudados. Logicamente, isso também vale para as empresas que precisam se atualizar para se inserirem no contexto geral de mudanças.

Por outro lado, em busca de seus propósitos empresariais, muitas organizações acabam sendo (elas próprias) também provocadoras de mudanças. Mediante essa nova realidade, alguns conceitos são, hoje, insistentemente citados no ambiente organizacional. São eles:

- mudanças;
- gestão de mudanças;
- conflitos;
- negociações;
- resistências;
- flexibilidade organizacional.

É difícil ouvirmos empresários, administradores, consultores e professores, nas mais diferentes situações, que não incluem *essas palavras da moda*. Da mesma forma, é quase impossível lermos um texto, artigo ou livro sobre negócios que não explorem esses temas como vitais para o sucesso empresarial.

Conceito de mudança

Para uma análise mais ampla do tema *mudança*, alguns conceitos devem ser explicitados. Dessa forma, perguntamo-nos: o que é mudança?

Em uma conceituação simples, *mudança* é alterar o rumo ou o ritmo de alguma coisa, ou seja, é fazer de forma diferente da forma usual. No cotidiano empresarial, muitas atividades mudam sem que, necessariamente, tenhamos a intenção de mudá-las – é o que chamamos de *adaptação* ou *ajuste natural*.

Vejamos dois pequenos exemplos de mudanças:

- antes, fazíamos o controle de ponto dos funcionários *na mão* e, depois, naturalmente, mudamos para o controle eletrônico;
- apresentávamos nossas aulas com transparências e passamos a usar o *PowerPoint*.

O que analisamos aqui é a mudança intencional – aquela que, de forma deliberada, a organização pretende fazer para melhorar resultados específicos. Essas mudanças intencionais podem ser categorizadas em *mudanças incrementais* e *mudanças radicais*.

As mudanças incrementais trazem melhorias sem afetar ou alterar, profundamente, os princípios básicos do negócio ou a forma de fazer o negócio funcionar. Esse tipo de mudança é uma espécie de estabilização dinâmica, que faz mais ou o melhor do mesmo.

Por exemplo, em um supermercado, ao passarmos de dois *check outs* para três, gerenciamos melhor as filas – que permanecem em seu lugar. Já quando os donos do supermercado resolvem abrir uma nova loja, eles passam a ter não somente mais um estabelecimento, mas um novo negócio, agora, de dois supermercados.

Se, antes, o ditado "o olho do dono engorda os porcos" poderia ser aplicado, agora, um processo de delegação passa a ser vital.

Além da mudança incremental, como dissemos, existe a mudança radical, isto é, que altera, profundamente, princípios básicos. Vejamos um exemplo:

> Uma empresa desenvolveu um *software* de gerenciamento de informações que não conseguia emplacar.

continua

> Após muito tempo sem obter resultados significativos, um cliente perguntou para a empresa se, ao invés de usar seu produto, eles não queriam assegurar a qualidade do *software* que o cliente já tinha comprado – aquele que estava usando e que apresentava algumas não conformidades.
>
> A empresa topou, reorientou a natureza de seu negócio para prestação de serviços e, não mais como uma empresa de produto, alterou radicalmente o perfil de seus funcionários. Hoje, a empresa é considerada uma das melhores em seu segmento.

Ainda quanto às mudanças organizacionais, cabe uma importante reflexão: quem são os responsáveis pela gestão dos processos de mudanças? Os responsáveis por essa gestão são os catalisadores (os agentes de mudanças), aqueles que assumem também, deliberadamente, as atividades de mudanças como propósito profissional.

Um dos principais impeditivos para mudanças efetivas vem do próprio comando organizacional, exatamente porque, em mudanças estruturais, são requeridas também mudanças:

- na forma de ver o mundo;
- no significado do próprio negócio;
- no significado do projeto pessoal-profissional dos principais executivos.

Temos também observado insucesso em termos de implementação de mudanças, isto é, vemos planos muito bem estruturados e estratégias bem desenhadas que, na prática, não funcionam. Por exemplo, uma análise mais aguda pode mostrar que, em muitos casos, o modelo mental da direção resiste em deixar de lado formas até então mais confortáveis e seguras.

Muitas vezes, a empresa ou o profissional tem de enfrentar uma situação inesperada, como novos concorrentes ou novas formas de atuação da concorrência, que os empurram para a "beira do precipício" ou como quando um profissional perde o emprego. Quando isso ocorre, mudar não é mais uma questão de vontade – é imperativo ter de mudar.

Quando, entretanto, uma empresa ou um profissional, de forma deliberada, deseja mudar – ir para outro patamar de desenvolvimento ou crescimento –, podemos ter dificuldades sérias.

Podemos dizer até que é relativamente fácil construir uma boa empresa, conquistar uma boa posição profissional e ter uma boa vida. Essas situações, entretanto, podem representar apenas conquistas medianas e podem privar a empresa ou o profissional de resultados excelentes, altamente superiores.

Resistência a mudanças

Em um ambiente fortemente competitivo, os bons resultados podem não garantir sustentabilidade, mais cedo ou mais tarde, as dificuldades podem surgir e ameaçar essas *tranquilidades*. Em outras palavras, o grande desafio é invertermos a máxima popular, isto é, ao invés de aceitarmos sempre que *o ótimo é inimigo do bom*, privilegiando os resultados medianos, devemos praticar também que *o bom é inimigo do ótimo*.

É compreensível, portanto, que muitas organizações enfrentem resistências, pois é mais confortável ficar com a aparente sabedoria de que "em time que está ganhando não se mexe".

Com relação às equipes subordinadas, um grande desafio da GRH diz respeito ao seguinte senso comum, que nem sempre significa bom senso: "as pessoas são resistentes a mudanças". Isso talvez seja um equívoco, pois, na verdade, as pessoas querem se envolver em mudanças autodeterminadas, e não heterodeterminadas, ou seja, as pessoas são resistentes a serem mudadas.

É razoável que as pessoas tenham modelos mentais mais ou menos rígidos, posições a manter, interesses vinculados às agendas pessoais que dificultam os processos de mudanças. Nisso, reside um sério condicionante às mudanças, a saber, a gestão do ambiente e das pessoas para se engajarem às mudanças – papel fundamental da GRH como articuladora estratégica.

Dessa forma, a GRH deve gerenciar continuamente aspectos como:

- o reconhecimento de que as pessoas podem ter medo das consequências das mudanças;

- a busca por ser transparente e objetiva no que diz respeito às intenções das mudanças;
- a preparação para lidar com desconfianças até que os resultados possam aparecer;
- o realce contínuo da visão futura que alimentou a intenção da mudança.

Em alguns casos, a coerção, a pressão, os desligamentos, entre outros recursos indesejáveis acabam sendo aplicados para levar adiante o processo de mudança. De qualquer forma, quando isso ocorre, a atenção da GRH deve ser maior, pois os efeitos desses recursos podem ser indesejáveis.

Ao optar pela coerção, por exemplo, a empresa até pode conseguir a mudança pretendida. Entretanto, se essa mudança estiver associada a algum movimento que busque a inovação, fica difícil imaginar pessoas nesse estado envolvidas genuinamente.

Como uma espécie de regra geral, quaisquer que sejam os processos escolhidos pelas empresas para lidar com mudanças, um dos elementos essenciais – senão o mais crítico – é o alinhamento entre o que pretendem e falam e o que realmente praticam. Em outras palavras, é importante que haja alinhamento entre o quão consistente é a empresa e o quão consistente é o próprio processo de mudança.

Dada a influência dos recursos humanos nos processos de mudança, algumas empresas esperam a renovação natural de seus quadros, na expectativa da entrada de novos profissionais mais dispostos às mudanças. Isso, em geral, não traz resultados significativos, pois há uma tendência de esses novos profissionais serem *absorvidos* pela cultura dominante de resistência às mudanças.

Outras empresas, por outro lado, provocam mudanças radicais em seu quadro de funcionários:

- forçando aposentadorias;
- estimulando desligamentos por programas de demissão voluntária;
- contratando grupos de *trainees* com perfil mais adequado às mudanças.

Isso também pode trazer consequências em termos de clima organizacional, mas, pesando os prós e os contras, algumas organizações preferem gerenciar esses problemas e ganhar em termos de maior facilidade para o processo de mudança.

Processo de mudanças no ambiente empresarial

É *perigoso* tentarmos categorizar os tipos de mudanças, como eventos isolados e de impactos diretos, em uma relação simples de causa e efeito. Hoje, uma pequena mudança tecnológica, por exemplo, pode:

- provocar efeitos imediatos na competição entre empresas;
- alterar, simultaneamente, a preferência e o comportamento dos consumidores;
- impactar a geração ou diminuição de postos de trabalho;
- gerar pressões sociais e governamentais.

Independentemente de tipos de mudança, existem motivos que as impulsionam. Desse modo, podemos citar algumas condições que devem ser consideradas quando analisamos o contexto empresarial:

- a intensificação da chamada globalização política, econômica, cultural e social;
- o maior poder de influência e pressão de entidades representantes de minorias ou de interesses específicos e globais;
- os avanços tecnológicos em escala jamais vista, que estimulam a transitoriedade e a descartabilidade e provocam maior volatilidade em termos de comportamento dos consumidores, com impactos, inclusive, nas relações sociais;
- as mudanças demográficas, que trazem um brutal aumento na expectativa de vida da sociedade em geral, com casamento e maternidade mais tardios, alterando, profundamente, as características e a qualidade da força de trabalho;
- a competição acirrada em todos os níveis – de nações, de empresas e de indivíduos –, que traz novos desafios às questões de soberania, responsabilidade social e ética nas relações de trabalho.

Essas condições ou tendências mostram-nos que, direta ou indiretamente, no curto ou no médio prazo, não há como as empresas escaparem de seus efeitos. Por isso, as empresas têm de mudar, têm de rever seus objetivos e mesmo seus valores, às vezes, reinventando-se completamente, outras vezes, implementando mudanças mais sutis.

O processo de lidar com as mudanças e seus impactos imediatos é singular. Não há como, de antemão, sabermos, exatamente, como vai ser esse processo e que resultados ele pode trazer. Trata-se de uma situação quase artesanal, pois sabemos o que queremos, mas, à medida que novas situações ocorrem, novos arranjos têm de ser considerados.

De qualquer forma, como não há como fugir desse processo, o importante é planejarmos essas mudanças e prepararmo-nos para implementá-las e gerenciar seus desdobramentos.

Para fazer frente às mudanças, as organizações lançam mão dos mais diferentes mecanismos, das mais diferentes ferramentas e estratégias. Nesse sentido, gestão das mudanças e de suas consequências demandam novas competências em termos:

- empresariais – flexibilidade, rapidez dos processos decisórios, gestão de riscos;
- gerenciais – comunicação, gestão de conflitos, negociação, capacidade de argumentação;
- individuais – trabalho em equipe, automotivação, flexibilidade.

O *balanced scorecard* é um exemplo de um desses mecanismos para lidar com as mudanças. Vejamos, então, sua importância para a organização.

> *O processo de iniciação do sistema gerencial do balanced scorecard começa com a criação, pelo líder, do senso de urgência da mudança. A percepção da urgência pode decorrer da necessidade de reverter alguma situação recente de mau desempenho, de reagir a transformações no ambiente competitivo ou de distender a organização para ser muito melhor do que na atualidade.*[10]

---

[10] KAPLAN, R. S.; NORTON, D. P. *Organização orientada para a estratégia*: como as empresas que adotam o *balanced scorecard* prosperam no novo ambiente de negócios. Rio de Janeiro: Campus, 2001. p. 345.

Conflito

Uma consequência muito marcante e recorrente dos processos de mudanças nas organizações, situada no nível das relações, é o *conflito*. Em termos gerais, o conflito ocorre quando perspectivas diferentes, usualmente opostas, são utilizadas para lidarmos com uma dada situação.

O fato de fixarmo-nos em nossa perspectiva e ignorarmos ou não aceitarmos a perspectiva do outro leva-nos, quase que inevitavelmente, a um confronto belicoso.

Algumas condições típicas desencadeadoras do conflito são:

- o fato de determinado indivíduo centrar-se no que tem de ser feito, por exemplo, enquanto outros estão mais preocupados com a forma, com as relações, com as pessoas;
- o enfrentamento entre pessoas fortemente objetivas e racionais e pessoas mais afetivas e sentimentais;
- as discussões entre indivíduos que se firmam em posições – com afirmações do tipo "Eu quero e pronto!", por exemplo – e indivíduos que buscam ampliar interesses;
- a disputa entre pessoas que querem, simplesmente, ganhar e pessoas que querem cooperar.

Alta complexidade das mudanças

Evidentemente, não existem receitas para lidarmos adequadamente com as mudanças. A razão fundamental para que, na prática, cada mudança, em determinada época e empresa, seja uma mudança única é o caráter singular de que são revestidas. Isso porque, ao reagir entre si, toda mudança envolve ambientes internos e externos diferentes, pessoas e relações também distintas.

Além disso, a combinação desses fatores – ambientes internos e externos diferentes, pessoas e relações distintas –, em cada processo de mudança, e a imprevisibilidade de seus desdobramentos dão a esses fenômenos um caráter de alta complexidade. Entretanto, isso não deve impedir que as empresas promovam mudanças.

É necessário reforçarmos o caráter singular das mudanças e, portanto, o fato de que não dá para repetirmos, literalmente, uma experiência de uma mudança para outra. Por outro lado, a capacidade de assumir e gerenciar riscos, ter flexibilidade e rapidez para agir e corrigir dá à empresa condições e segurança para enfrentar os obstáculos típicos de toda e qualquer mudança.

A complexidade da mudança se relaciona, ainda, com sua capacidade de afetar, direta ou indiretamente e em maior ou menor grau, as práticas cotidianas, os interesses das pessoas, seus valores e suas crenças. Isso, evidentemente, pode gerar diferentes formas de resistência, quer do indivíduo em si, quer de grupos de pessoas, manifestando-se abertamente ou de forma implícita.

Às vezes, mudanças relativamente simples – por exemplo, no processo ou fluxo de trabalho, em rotinas corriqueiras – são implementadas de forma menos cuidadosa, pelo fato de as mudanças serem *banais*.

Por outro lado, as implementações de mudanças feitas com menos cuidado acabam trazendo consequências inesperadas; pois, para algumas pessoas, essa má implementação pode representar uma ameaça a seu equilíbrio psicológico. Portanto, não é incomum resistirmos inconscientemente, ainda que, racionalmente, desejemos mudar.

Avaliação do RH como parceiro estratégico

Avaliação periódica

Da mesma forma que qualquer outro elemento da estrutura da empresa, o sistema de GRH adotado deve passar por avaliação periódica, considerando o atendimento de seus objetivos.

Considerando que a GRH representa, em geral, custos significativos, é absolutamente necessário acompanharmos se esses investimentos estão dando os retornos esperados. Em outras palavras, é importante confirmarmos se os investimentos estão contribuindo para os resultados da empresa e agindo como base de vantagem competitiva sustentada.

De uma forma geral, podemos considerar a seguinte amplitude para efeito da avaliação da GRH:

- dimensão funcional – serviços típicos de recrutamento e de seleção, benefícios, etc.;
- dimensão estratégica – apoio à implementação da estratégia empresarial, assegurando as competências, as políticas e o ambiente adequados para os embates futuros.

Quanto aos objetivos, alguns são essenciais quando se trata de avaliação do sistema de GRH. Em primeiro lugar, do ponto de vista macro, é necessário verificarmos se, efetivamente, a GRH está impactando os grandes objetivos estratégicos da organização.

Depois, pelo acompanhamento do atendimento de seus objetivos e de suas metas, devemos assegurar a melhoria contínua dos processos relacionados à GRH. Da mesma forma, é importante indicarmos os pontos de melhoria contínua nas outras atividades e nos outros processos da organização.

É preciso, ainda, sinalizarmos, continuamente, a consistência ou não entre os objetivos e as metas gerais da empresa, e sua sustentação em termos de RH.

Se a empresa, por exemplo, almeja aumentar a produção com investimentos significativos em termos de máquinas e de equipamentos, é necessário que os processos de recrutamento, de seleção e de treinamento sejam mobilizados em momentos adequados, sob pena de sofrerem atrasos.

Outra situação diz respeito aos objetivos de longo prazo. Nesse caso, se a empresa, por exemplo, busca entrar em novos mercados ou adotar novas tecnologias, é preciso começar, com antecedência, programas de *trainees*, novas práticas de recrutamento, entre outras ações.

Há ainda mais um aspecto importante, o de assegurarmos a avaliação contínua do clima organizacional. Isso deve ser feito com a proposição de medidas concretas para manter a organização em níveis satisfatórios – sinalizando, inclusive, necessidades de aprimoramento da liderança.

Por fim, mas não menos importante, é necessário verificarmos se os valores da empresa estão sendo praticados de forma consistente, sugerindo melhorias nas políticas e práticas gerenciais. Com isso, é mais fácil fazermos com que as competências e os comportamentos esperados encontrem ressonância no ambiente organizacional.

Como em qualquer etapa de avaliação, de qualquer processo, atividade ou área, é necessário estarmos atentos a suas dificuldades típicas. Portanto, alguns cuidados devem ser considerados, tais como:

- reconhecer que, quando se avalia a eficácia ou os objetivos de longo prazo, não encontramos, necessariamente, uma relação direta de causa e efeito. Precisamos identificar as múltiplas relações das variáveis envolvidas;
- perceber que, quando os problemas parecem ter múltiplas causas, o problema central pode estar no próprio processo de diagnóstico-avaliação;
- ter a consciência de que a interpretação adequada dos dados oferece não só a possibilidade de efetivo acompanhamento, mas também indica caminhos para a melhoria contínua dos processos;
- reconhecer que é melhor ter um sistema precário do que não ter nenhum. Afinal, se não avaliamos algo, como podemos gerenciá-lo? Devemos buscar melhorar o sistema à medida que aprendemos sobre o assunto avaliado;
- assegurar que todos os envolvidos no processo de avaliação de RH atuem como corresponsáveis pelo sucesso, pois, são eles, prioritariamente, que praticam as políticas da GRH.

No que concerne aos propósitos da avalição da GRH, podemos sintetizar da seguinte forma:

- praticar o princípio de que, afinal, todos os gerentes são gerentes de pessoas e, portanto, têm forte aderência à GRH;
- estimular os gerentes a olharem o sistema de GRH como um todo;
- identificar equívocos, assegurando que essas identificações se transformem em oportunidades valiosas de se aprender;
- reafirmar o papel da GRH como um parceiro estratégico, como um prestador de serviços em busca da agregação de valor aos processos e da criação de valor ao negócio.

Modelo integrado da avaliação

A avaliação da GRH não deve ser um fato isolado na organização, pois faz parte do modelo integrado de avaliação da empresa. Isso fica muito claro quando, por exemplo, as expectativas da organização são desdobradas, para efeito de acompanhamento, utilizando-se a ferramenta do *balanced scorecard*.

A avaliação geral da *performance* da organização e os dados obtidos na avaliação da GRH permitem:

- indicar ações operacionais e movimentos estratégicos claros e específicos para a melhoria da competitividade empresarial;
- assegurar a consistência entre o dito e o praticado no cotidiano da empresa, sugerindo revisões de políticas e ações gerenciais concretas.

Mecanismos funcionais de RH

Muitas empresas adotam práticas de recrutamento e de seleção baseadas na tradição, buscando seus RHs, em termos de fontes e de processos, da mesma forma que se vinha fazendo há algum tempo. O objetivo básico é fechar uma vaga ou, simplesmente, preencher um cargo.

No entanto, é necessário atrelarmos os processos de recrutamento e de seleção – e não apenas esses – aos movimentos estratégicos da empresa. Em outras palavras, devemos assegurar competências que deem conta do hoje, assegurando os resultados do amanhã.

Portanto, a avaliação deve contemplar essas mesmas perspectivas para que sejam desenhados programas de desenvolvimento de competências também sob a perspectiva das demandas futuras. Essas demandas futuras devem ser supridas com profissionais internos e externos à organização.

Podemos dizer, ainda, que o inter-relacionamento entre os componentes de um sistema eficiente de GRH torna difícil – senão impossível – sua imitação pelos concorrentes. Evitamos, dessa forma, gastos com a atração de candidatos claramente inadequados e aumentamos a probabilidade de adquirirmos as competências de RH imprescindíveis ao sucesso da empresa.

Nesse sentido, não é suficiente adotarmos as práticas mais modernas e eficientes de seleção, de treinamento e de remuneração. Cada uma dessas práticas, isoladamente, pode ser facilmente copiada pelos concorrentes. Sendo assim, o que importa é desenvolvermos sistemas de práticas de GRH que gerem sinergia e que estejam de acordo com as metas estabelecidas na empresa.

É válido reforçar a ideia de que a seleção de um profissional deve estar fundamentalmente associada a uma competência claramente útil para a organização no presente e no futuro. Embora isso possa parecer óbvio, a competência a ser desempenhada inclui dimensões que, usualmente, não se contemplam nos processos de RH, tais como os valores e as atitudes. Por outro lado, quando se contemplam tais dimensões, é praticamente impossível prever se o candidato vai praticar esses valores no futuro ambiente profissional.

Dessa forma, mais importante do que aprovar ou reprovar um candidato por apresentar ou não um conjunto de valores e de atitudes esperados pela empresa é a avaliação no desempenho de suas funções. Essa avaliação vai mostrar se há, por parte do profissional, efetiva aderência aos valores e às atitudes demandados pela empresa.

Fatores críticos na atuação estratégica de RH

Necessidade de inovação

O conceito de sustentabilidade, conforme vimos no início deste módulo, prega que, para obter, no futuro, resultados tão ou mais significativos do que os do presente, a empresa não fará, certamente, as mesmas coisas – e do mesmo jeito – que faz hoje.

Em síntese, podemos afirmar que êxito no passado e no presente não garante êxito no futuro. Portanto, não há alternativa: se não melhorarmos, inovarmos, ousarmos, não teremos sucesso no futuro.

Como dizem Lacombe e Heilborn[11] "as mudanças alteram os poderes, e ninguém perde poder sem reagir". Dessa forma, a conduta reativa e, principalmente, proativa da empresa – e, dentro dela, a conduta da

---

[11] LACOMBE, F.; HEILBORN, G. *Administração, princípios e tendências*. São Paulo: Saraiva, 2003. p. 420.

gerência de RH – é fator decisivo para que se mantenha a competitividade empresarial.

As inovações são, portanto, indispensáveis, visto que, na perspectiva estratégica, vitórias de uma dada empresa, necessariamente, provocam reações na concorrência.

Além de implementar inovações, para que haja sucesso empresarial, é imperativo que uma efetiva gestão de RH crie um ambiente favorável em termos de clima e de capital humano da organização. O objetivo dessa medida é fazer face às mudanças necessárias e às urgentes respostas aos movimentos da concorrência.

Ação estratégica de RH no cotidiano organizacional

A gestão de RH precisa se preocupar com as consequências das práticas da GRH no cotidiano dos funcionários e atuar no sentido de facilitar sua implementação e posteriores adequações ou alterações.

Nesse sentido, o novo ambiente competitivo demanda dos gestores dois desafios significativos:

- ter consciência do que as pessoas representam para a organização, em termos de criação de valor e consequente vantagem competitiva;
- ter claro o impacto econômico das práticas de RH.

Acompanhar e entender como as empresas concorrentes tratam seus recursos humanos e quais são suas práticas mais avançadas também são responsabilidades do gestor de RH. Isso permite não só aprender com os outros como, também, buscar criar vantagens distintivas em suas próprias práticas, em uma espiral ascendente de melhorias contínuas.

Vemos, por conseguinte, que o modelo de gestão de pessoas e suas práticas são ferramentas críticas para o processo de implantação de mudanças na organização. É por meio dessa gestão que podemos lidar com as múltiplas manifestações de resistências às mudanças que existem no dia a dia.

No que tange às resistências, algumas expressões corriqueiras indicam, claramente, essa não disposição às mudanças. São desculpas típicas de quem não está disposto a mudar ou a se envolver com mudanças. Vejamos alguns exemplos:

- "Já fizemos isso antes e não deu em nada.";
- "Custa muito caro fazer isso.";
- "Nós somos diferentes em nossa empresa.";
- "Essa responsabilidade não é nossa.";
- "Isso está acima de mim.";
- "Essa mudança é muito radical.";
- "Não vai mudar nada.";
- "Não há tempo suficiente para isso.";
- "Voltemos à realidade.";
- "A mudança é boa, mas impraticável.";
- "Não temos verba para isso.";
- "Essa proposta vai contra a política da empresa.";
- "Vamos pensar melhor.";
- "Nós nunca fizemos isso antes.";
- "O presidente jamais aprovará.";
- "Se isso fosse bom, já teriam inventado antes.";
- "Quem você pensa que é para propor isso?";
- "Funcionamos bem do jeito que estamos.";
- "Não estamos preparados para assimilar uma mudança dessas.".

O problema consiste no fato de que as indisposições às mudanças podem levar as empresas ao fracasso. Para que isso não ocorra, precisamos de um processo como o de GRH atuando intensamente como agente dessas mudanças e, como tal, procurando assegurar:

- a identificação e o desenvolvimento de líderes alinhados com as mudanças;
- uma comunicação transparente;
- o auxílio a grupos apoiadores de mudanças;
- a revisão de elementos da cultura da empresa que emperram as mudanças;
- a substituição de alguns funcionários.

Autoavaliações

Questão 1:

No setor de RH, os procedimentos sistemáticos de avaliação constituem um indicador seguro de que a empresa valoriza seus recursos humanos.

Considerando esses procedimentos, é correto afirmarmos que o único ponto que **não** deve ser considerado como um propósito da avaliação de desempenho da GRH é:

a) reafirmar o papel da GRH como um parceiro estratégico.
b) promover a ideia de que todos os gerentes são gerentes de RH.
c) encorajar os gerentes a examinarem o sistema de GRH em seu setor.
d) colocar o departamento de RH na perspectiva de um provedor de serviços.

Questão 2:

No curso de mudanças organizacionais, é comum verificarmos resistências. Nesse contexto, as práticas de GRH constituem-se como um valioso instrumento para superação dessas resistências.

Entre as ações de GRH consideradas adequadas em uma situação de mudança, **não** podemos incluir:

a) a divulgação da visão futura que alimentou a intenção da mudança.
b) a busca por transparência em relação às consequências das mudanças.
c) a adoção de uma postura combativa em relação a possíveis desconfianças.
d) o reconhecimento do medo que os funcionários podem ter em relação às mudanças.

Questão 3:

Podemos perceber que existem certos temas recorrentes quando se fala sobre negócios. É possível até mesmo dizer que explorar certos temas pode ser considerado vital para o sucesso empresarial.

Entre os temas frequentemente citados no ambiente organizacional, **não** podemos incluir o tema:

a) tradição.
b) mudanças.
c) negociações.
d) resistências.

Questão 4:

Para uma análise mais ampla do tema *mudança*, alguns conceitos devem ser explicitados.

Dessa forma, podemos afirmar que *mudança* é:

a) fazer de forma usual.
b) manter-se no mesmo local.
c) dispor na ordem tradicional.
d) alterar o rumo de alguma coisa.

Questão 5:

A mudança na forma de realizar o controle de ponto dos funcionários, que antes era anotado à mão e passa a ser controlado eletronicamente, caracteriza uma mudança intencional que pretende melhorar um resultado específico.

No que diz respeito às mudanças intencionais, podemos categorizá-las em:

a) teóricas e práticas.
b) positivas e negativas.
c) incrementais e radicais.
d) necessárias e supérfluas.

Questão 6:

Sabemos que uma mudança intencional é aquela que, de forma deliberada, tem como objetivo melhorar resultados específicos.

Nesse contexto, é correto afirmarmos que as mudanças incrementais:

a) alteram, profundamente, princípios básicos do negócio.
b) modificam, completamente, os objetivos secundários do negócio.
c) trazem melhorias sem afetar profundamente os princípios básicos do negócio.
d) acarretam benefícios para um aspecto do negócio, mas podem complicar outros aspectos.

Questão 7:

O conflito costuma ser uma consequência muito marcante e recorrente nos processos de mudança nas organizações.

Entre as condições que, tipicamente, desencadeiam conflitos, **não** podemos listar:

a) o enfrentamento entre pessoas fortemente objetivas e entre pessoas mais racionais.
b) a disputa entre pessoas que querem, simplesmente, ganhar e pessoas que querem cooperar.
c) as discussões entre indivíduos que se firmam em posições rígidas e indivíduos que buscam ampliar interesses.
d) o embate entre indivíduos centrados no que tem de ser feito, em suas atividades na empresa, e indivíduos mais preocupados com a forma, com as relações e com as pessoas.

Questão 8:

Quando analisamos as mudanças que vêm ocorrendo no contexto empresarial, podemos identificar alguns fatores que, frequentemente, motivam essas mudanças.

Entre esses fatores, **não** podemos citar:

a) os avanços tecnológicos em escala jamais vista.
b) a diminuição da competição entre empresas e entre nações.
c) a intensificação da chamada globalização política, econômica, cultural, social.
d) o maior poder de influência e pressão de entidades representantes de minorias.

Questão 9:

Devemos considerar que, no cenário atual, mudanças são inevitáveis e, por isso, empresas e indivíduos têm de desenvolver estratégias de adaptação a mudanças. Surge, assim, a necessidade de desenvolver novas competências empresariais, gerenciais e individuais.

Entre as competências empresariais, podemos citar a capacidade de:

a) gerir riscos.
b) argumentar.
c) gerir conflitos.
d) trabalhar em equipe.

Questão 10:

Quando analisamos a gestão de recursos humanos, devemos considerar a dimensão em que a GRH atua, procurando apoiar a implementação da estratégia empresarial e assegurando competências, políticas e ambiente adequados para embates futuros.

Podemos dizer que essa atuação da GRH caracteriza a dimensão:

a) funcional.
b) coercitiva.
c) qualitativa.
d) estratégica.

Módulo III – Sistemas de atração e de desenvolvimento dos recursos humanos

Módulo III – Sistemas de atração e de desenvolvimento dos recursos humanos

Neste módulo, contemplaremos os processos de recrutamento, de seleção, de treinamento e de planejamento de carreiras, contrapondo as tradicionais políticas e práticas fortemente funcionais com as novas perspectivas e demandas estratégicas.

Recrutamento

Fatores decisivos para atração e manutenção de profissionais

Identificar, atrair, manter e desenvolver recursos humanos estratégicos é vital para as organizações buscarem resultados significativos – e sustentáveis – ao longo do tempo. Entretanto, além de reconhecermos tal fato, é preciso estarmos atentos às mudanças ocorridas no gerenciamento empresarial que transformaram o modo como se operacionalizam as atividades de desenvolvimento de RH. Veremos, a seguir, de que forma isso ocorreu.

Há algum tempo – e ainda hoje –, em algumas empresas e em alguns níveis hierárquicos, a questão da remuneração era o fator decisivo para a atração e manutenção de recursos humanos estratégicos. No entanto, outras condições também impactam positivamente como atrativos.

De forma resumida, três fatores são decisivos para a atração e manutenção dos profissionais: remuneração competitiva, ambiente estimulante, perspectivas de crescimento. Sabemos que, em muitos casos, a organização apresenta apenas uma ou duas dessas condições e, mesmo assim, atrai e mantém profissionais talentosos.

Por outro lado, em outras ocasiões, a evidente ausência das mencionadas condições – ou pelo menos de uma delas – quase que necessariamente marca a organização como não atrativa, gerando consequências desastrosas em termos de recursos humanos.

Se entendermos a organização como um sistema dinâmico, podemos compreender melhor a razão da atração de profissionais. Isso se dá porque, em um sistema dinâmico, quando uma variável é fragilizada, há a tendência de as outras variáveis compensarem a fragilidade daquela ou daquelas. Portanto, quando a organização trabalha essas compensações, o resultado, em geral, é bastante positivo.

Um exemplo que evidencia o sistema de compensação de variáveis em um sistema fragilizado é o caso de organizações que têm, em seus quadros, líderes competentes. Esses líderes, mesmo com algumas condições limitadas, atraem e mantêm profissionais qualificados e motivados. Isso ocorre porque esses profissionais sentem que estão em uma organização que, de uma forma ou de outra, valoriza-os pela ação educadora e apoiadora de seus líderes.

Processo de recrutamento

As ações e os recursos de recrutamento e de seleção de profissionais internos ou do mercado são fortemente influenciados pela consistência entre o que organização fala e o que ela pratica em termos de recursos humanos. Isso ocorre por políticas estimulantes de gestão de pessoas; pela cultura de efetiva valorização de seus profissionais e pela presença – em geral, decorrente das condições anteriores – de líderes competentes.

Recrutamento não é apenas o processo de identificação e atração de certo número de candidatos com vistas à seleção, em uma segunda etapa, quando esses receberão, efetivamente, proposta de trabalho. Na verdade, o recrutamento é um oferecimento de oportunidades, isto é, da mesma forma que a organização faz propaganda dos atributos de seus produtos, ela também deve divulgar por que vale a pena trabalhar nela.

Muita coisa pode mudar quando as áreas de recrutamento e de seleção deixarem de tratar os candidatos como *pessoas pedindo emprego* e passarem a tratá-los como *profissionais competentes*, ou seja, profissionais oferecendo competências e em busca de oportunidades para praticar essas competências.

Em muitas organizações globais, já se tem a prática de enviar uma proposta de contrato de trabalho para os profissionais escolhidos após os processos promovidos por recrutamento e seleção. Tal proposta contém algo como: "Gostaríamos que você viesse trabalhar conosco e, para isso, oferecemos-lhe...". Esse processo se baseia em uma postura inicial de relação de *dupla mão*.

Em muitas empresas do Brasil, o envio de propostas de trabalho também começa a ocorrer. Estamos tratando, portanto, de uma mudança de perspectiva mais adequada aos momentos atuais.

Outra questão que interfere no recrutamento é o desenho estratégico. Um bom desenho estratégico das ações de recrutamento e de seleção de curto, médio e longo prazos assegura condições poderosas, em termos de ambiente e de competências, para a competitividade permanente das organizações.

Uma profunda análise das competências – conhecimentos, habilidades, interesses, valores – que a organização requer para o presente e para o futuro, a partir de suas intenções estratégicas, é o passo inicial e crítico para o vigor organizacional. Essas competências passam a ser, portanto, os indicadores e os critérios para um processo adequado de recrutamento e de seleção.

O processo de recrutamento, em síntese, envolve as *pessoas* (que se preparam e estão ávidas por oportunidades que materializem seu potencial) e as *empresas* (que anseiam por profissionais que as ajudem a materializar seus propósitos empresariais). As áreas de recrutamento e de seleção, nesse contexto, têm o papel de promover o encontro entre *pessoas* e *empresas* e oficializar um vínculo entre as partes interessadas.

Formas de recrutamento

Dependendo do tipo de profissional que se está buscando e do contexto geral do ambiente de negócios, diversas formas de recrutamento podem ser consideradas. Podemos separar as formas de recrutamento em:

- recrutamento interno – indicações, intranet, avisos em murais, registros internos;
- recrutamento externo – anúncios, divulgação em escolas, contratação de empresas de *hunting*.

Tanto o recrutamento interno quanto o externo apresentam pontos positivos e ressalvas que merecem a devida atenção por parte da organização.

Por outro lado, independentemente da forma utilizada, é importante que o recrutamento veicule informações precisas, quer do perfil buscado, quer das condições oferecidas. Outro fator igualmente importante é a identificação do canal mais adequado para veicular tais informações.

O recrutamento também precisa de um planejamento adequado, considerando como pontos de referência importantes:

- custos;
- revitalização organizacional;
- política de aproveitamento interno e progresso profissional;
- esforços de integração de novos funcionários;
- premência no preenchimento de vagas.

Fontes de recrutamento

Quanto a fontes de recrutamento, existem algumas típicas que podem ou não ser utilizadas simultaneamente. Vejamos alguns exemplos:

- anúncios veiculados em jornais, revistas especializadas e outros meios impressos estão entre os meios mais tradicionais de recrutamento;
- *sites* de empresas também são recursos importantes para um recrutamento específico ou para o cadastro permanente de profissionais;
- indicações de outros profissionais – da empresa ou de fora – ou mesmo de clientes e fornecedores também são fontes de recrutamento;
- agências de recolocação profissional, que atualmente também disponibilizam esse serviço *on-line*, funcionam como uma forma de recrutamento;
- recrutamento em escolas também pode ser uma boa estratégia;
- divulgação de oportunidades nas múltiplas redes virtuais de relacionamento é uma estratégia que se tem intensificado no processo de recrutamento;
- o rádio, por sua vez, tem sido de grande valia quando se buscam números expressivos de mão de obra, por sua importante penetração na população em geral, principalmente nas cidades do interior.

Cabe esclarecer que cada uma dessas fontes de recrutamento deve ser escolhida de acordo com o tipo de cargo a ser preenchido e com a situação do mercado de trabalho.

Um ponto que merece reflexão é um descuido muito comum das áreas de recrutamento e de seleção quanto ao *feedback* dos processos seletivos realizados. Isto é, em raríssimas oportunidades, pergunta-se para o candidato – aprovado ou não – o que ele achou do processo seletivo do qual participou.

Entretanto, muitos candidatos têm uma percepção crítica aguda para avaliar os processos e os instrumentos do sistema de recrutamento e de seleção. Com isso, perdemos excelentes oportunidades de avaliar objetivamente essas práticas, inclusive por tratar-se de uma pesquisa praticamente sem custos.

Retomando a questão das formas de recrutamento, cabe esclarecer que muitas organizações se valem do processo de aproveitamento interno, antes de promover ações de busca externa. Isso, evidentemente, gera um ambiente estimulante em termos de oportunidades de crescimento profissional. Logicamente, em um dado nível, é necessário buscarmos recursos no mercado para substituir profissionais promovidos ou aproveitados em posições paralelas.

Por outro lado, com o aproveitamento interno, há o risco de engessarmos a organização, pois os novos recursos são, em geral, contratados nos níveis hierárquicos inferiores, o que priva a organização de experiências diversificadas nas camadas mais elevadas da hierarquia.

Como vimos, uma fonte muito utilizada no recrutamento é a indicação por parte de funcionários da própria empresa. Em geral, isso traz resultados positivos, pelo envolvimento e compromisso que se consegue não só por parte de quem indica, mas, principalmente, pelo indicado. A desvantagem, nesse caso, é que pode ocorrer a indicação de profissionais com perfis similares aos dos que indicam, enfraquecendo o nível de diversidade na organização.

Há também a utilização de anúncios e de agências. Essas fontes de recrutamento têm suas vantagens em função do direcionamento que esses meios utilizam, gerando ganhos em tempo, eventualmente em custos e na clara identificação dos profissionais almejados.

Entretanto, uma variável importante deve ser considerada, principalmente quando se usa uma agência de *hunting*. Essas agências podem mobilizar candidatos que estejam empregados, requerendo, por parte da empresa contratante, estratégias específicas de atração, considerando o nível de exigência do profissional. Isso ocorre porque, afinal, o candidato está mudando de emprego.

A utilização de programas de recrutamento em faculdades e universidades também tem sido de grande valia para as empresas. Nesses casos, paralelamente à divulgação de sua marca em um ambiente qualificado, as empresas têm acesso a jovens universitários que, a despeito da falta de experiência profissional, trazem vigor, questionamentos e novas ideias. Além disso, esses jovens não possuem vieses decorrentes de experiências em outras empresas.

Da mesma forma, a busca de indicações em clientes também traz vantagens importantes, pois eles têm uma percepção aguda do tipo de profissional que se encaixa bem na organização contratante.

Por fim, mas não menos importante, um dos meios que se tem intensificado para efeito de recrutamento é a internet, por meio do próprio *site* da empresa ou mesmo pela divulgação das oportunidades em múltiplas redes virtuais de relacionamentos.

Perfil esperado

Quando falamos em *perfil esperado*, devemos reconhecer isso como algo de *mão dupla*. Por um lado, a empresa precisa definir alguns pré-requisitos em função do que está buscando – experiência, conhecimentos, etc. Por outro lado, o candidato também precisa conhecer o perfil da empresa para verificar se é de seu interesse trabalhar nesse ambiente.

Em situações de recessão e desemprego, é usual só encontrarmos uma *via de mão única*. Entretanto, como política estratégica de RH, a empresa sempre deve-se *vender*, explicitando o que é, o que quer, o que espera e o que oferece. É preciso compreendermos que estamos diante de uma relação profissional, assim, se a empresa trata o candidato, desde o início, como um profissional, é natural que isso traga resultados consistentes de longo prazo a essa relação.

Algumas empresas têm ampliado o escopo do perfil das vagas, na expectativa de que o profissional a ser contratado tenha um perfil para trabalhar na empresa e não apenas em um cargo específico. Dessa forma, sinalizam-se a mobilidade futura e trabalhos ou projetos multifuncionais para esse profissional.

Seleção

Definição de seleção

Seleção é o processo que envolve a coleta e a busca de informações sobre os candidatos recrutados, de modo a escolher quais deles receberão ofertas de trabalho. Essa ideia parece muito óbvia e simples, mas esconde uma complexidade e um impasse fortíssimos, o que pode ser percebido a seguir. Vejamos o que diz Paul Spector[12] a respeito:

---

[12] SPECTOR, P. E. *Psicologia nas organizações*. 2. ed. São Paulo: Saraiva, 2006. p. 207.

> *Dois elementos importantes na seleção de funcionários devem ser considerados. O primeiro é o critério, ou seja, a definição do que deve ser um bom funcionário [...] O segundo elemento é o fator de previsão, que é um aspecto relacionado ao critério [...] Definir se um determinado fator de previsão está relacionado a um critério exige um estudo de validação, ou seja, um estudo de pesquisa que prove a relação entre fator e critério.*

Desse modo, ao pensarmos estrategicamente no processo de seleção, um *pano de fundo* técnico tem de ser considerado, levando-se em conta que a seleção é, basicamente, um processo de previsão. Vejamos algumas considerações sobre o assunto feitas em *Atração e seleção de pessoas*:[13]

> *A validade de uma técnica de seleção refere-se ao que ela avalia e até que ponto o faz, e pode ser classificada em três categorias:*
>
> - *a validade de conteúdo, que analisa se o teste abrange uma amostra representativa da competência que está sendo mensurada;*
> - *a validade de critério, que analisa a efetividade de um teste para predizer o comportamento de um indivíduo;*
> - *a validade de conceito, que analisa se, de fato, um teste avalia aquilo que se propõe a avaliar.*

Dificuldade na escolha de candidatos

A falta de estudos que comprovem a relação entre os critérios e os fatores de previsão é um problema. Isso porque não temos elementos, no processo de seleção, que nos garantam acertos – em termos de previsão do desempenho futuro – ao escolhermos um ou outro candidato. Dessa forma, embora diversos instrumentos possam ser utilizados para a escolha dos candidatos, é importante reconhecermos que esse processo de escolha não tem sólida fundamentação.

---

[13] FAISSAL, Reinaldo et al. *Atração e seleção de pessoas*. Rio de Janeiro: Editora FGV, 2005. p. 92.

Ao aprovar alguém, estamos apenas apostando que essa pessoa vá se desenvolver bem na organização. Isso porque, em geral, a fundamentação psicométrica não está presente nos típicos processos de seleção. Portanto, a regra de ouro para não cometermos grandes equívocos e injustiças é quase um senso comum que envolve:

- rigor na obtenção das informações;
- cautela nas avaliações;
- respeito absoluto pelos candidatos;
- bom-senso.

Esses são os aspectos que têm de estar presentes quando estamos lidando com pessoas, com seus futuros e com o futuro da organização.

As decisões a respeito de pessoas são a essência das organizações, que têm em seus recursos humanos um fator distintivo. Portanto, devemos atentar para o fato de não podermos colocar nas mãos de pessoas inexperientes a responsabilidade de julgar, avaliar, decidir sobre assunto tão sutil, tão nobre e tão vital.

Ao reconhecer essa limitação do processo de seleção, a organização reconhece, também, que um bom ambiente de trabalho, uma liderança competente e práticas consistentes de gestão são fatores mais decisivos para um bom desempenho de suas equipes. Além disso, esses fatores podem reduzir bastante seus custos de seleção, o que não deixa de ser um grande ganho.

Função do processo de seleção

Tradicionalmente, a função do processo de seleção tem sido descrita como o ajuste de pessoas a cargos, como afirma o famoso jargão: "o homem certo no lugar certo". Isso pode ter até funcionado quando tínhamos processos e cargos bastante rotinizados e mais estáveis. Hoje, entretanto, isso já não faz tanto sentido, pois o ajuste indivíduo-organização é um processo contínuo, em que as partes se afetam mutuamente.

Desse modo, precisamos pensar estrategicamente:

- no longo prazo;
- na empresa de hoje;
- na empresa que almejamos ter no futuro;
- na multiplicidade de tarefas;
- nas novas atribuições decorrentes do contínuo processo de inovação.

A aprendizagem contínua é a marca do modelo de gestão de empresas com competitividade sustentável. Portanto, é mais coerente buscarmos profissionais que tenham bases educacionais, interesse em aprender continuamente e aqueles que estejam dispostos ao exercício de vários papéis no trabalho ao longo de sua trajetória profissional.

Aparatos do processo seletivo

Os processos de seleção contam, ainda, com a ajuda de algumas técnicas utilizadas pelas empresas. Por exemplo, temos:

- a análise de *curriculum vitae*;
- a checagem de referências;
- as entrevistas;
- os testes de habilidades;
- os testes de conhecimento do cargo;
- os testes psicológicos;
- as dinâmicas de grupo.

Dependendo do nível do cargo pretendido no processo seletivo, uma boa entrevista a partir dos dados do *curriculum vitae* é mais do que suficiente para uma escolha adequada. Essa adequação se justifica, principalmente, quando podemos utilizar, pelo menos, mais um entrevistador para fazermos uma comparação das observações.

Muitas empresas montam sofisticados aparatos – longos, caros, burocráticos – na expectativa de ter certezas em relação às escolhas dos melhores candidatos. Em geral, isso é apenas um equívoco falacioso e oneroso, trata-se de incompetência e desperdício. Além disso, esses equívocos na hora da seleção podem afetar a imagem da empresa, já que muitos candidatos desistem de tão complicado processo.

Há mais um erro comum nos processos de seleção. Em geral, raras são as empresas que dão respostas aos candidatos não selecionados no processo, sendo que, quando dão, justificam a reprovação com a seguinte afirmação: "Você não tem o perfil da empresa.". O candidato reprovado, por sua vez, passa a refletir, sem informações concretas, sobre o que é preciso fazer para chegar a esse tal perfil.

O curioso é que muitas empresas ficam descontentes quando um cliente deixa de comprar seus produtos *sem avisar* os motivos reais de sua desistência. Mesmo assim, não percebem que agem de forma semelhante ao deixarem de dar uma resposta consistente aos candidatos reprovados em seus processos seletivos. Na prática, quando uma empresa *fala* que um candidato não apresenta o perfil adequado, parece que, na verdade, ela está dizendo: "Não sei bem por que você não serve para esse cargo".

Treinamento

Diferentes formas de treinamento

Podemos gastar muito tempo para tentar definir e encontrar distinções entre os conceitos de *treinamento*, *desenvolvimento* e *aperfeiçoamento*. Algumas empresas ainda incorporam outros conceitos, tais como *educação no trabalho* e *para o trabalho*, *pedagogia da presença*, entre outros.

De qualquer forma, o que buscamos, via de regra, é ajudar o empregado a desempenhar, bem e cada vez melhor, os diversos trabalhos e tarefas necessários para a obtenção dos resultados almejados pela organização. Desse modo, existem diferentes formas de treinamento, tais como:

- treinamento no local de trabalho;
- treinamento por jogos;
- treinamento por palestras;
- treinamento por manuais.

A escolha do tipo de treinamento passa pelas análises básicas que se aplicam a todo e qualquer processo educacional. Sendo assim, devemos atentar para:

- o que pretendemos que se aprenda – em termos de conteúdo e de objetivos;
- a quem se destina o treinamento;
- o porquê desse processo, em termos de conteúdo, objetivos e público-alvo;
- como serão desenvolvidas as ações de treinamento;
- como serão avaliados os resultados dessas ações.

Em muitos casos, podemos nos valer de diferentes tipos ou recursos pedagógicos para atingirmos os objetivos pretendidos.

Devemos atentar, também, para as diferentes naturezas do que pretendemos ensinar. Nesse sentido, em alguns casos, nosso objetivo é o alcance do domínio de certo conhecimento. Em outros, esperamos um aprimoramento de habilidades. Também há determinadas ocasiões em que nosso propósito diz respeito a mudanças de atitudes, por exemplo.

Do ponto de vista estratégico, a GRH deve desenhar programas de treinamento que resolvam deficiências de desempenho de curto prazo, bem como programas que assegurem competências que serão necessárias no futuro, em face dos movimentos estratégicos da organização.

Para as ações que visam a demandas futuras, por exemplo, muitas empresas preferem que seus funcionários participem de programas abertos e não de *programas in company*. Essa escolha ocorre exatamente para que seus empregados interajam com novas ideias e com profissionais de outras áreas e empresas. Com isso, os funcionários podem ampliar suas perspectivas.

Planejamento e eficácia do treinamento

Em termos gerais, todo programa de treinamento pode ser observado sob a perspectiva de cinco fases. A primeira é a do diagnóstico preciso das necessidades. A segunda é o desenho do programa de treinamento em si e das condições para sua aplicação. Na terceira fase, temos a execução propriamente dita do programa. A quarta fase é a de avaliação, que indica ou não revisões futuras. Por fim, mas não nessa ordem, temos, na quinta fase, a oportunidade de identificar qual é a melhor época para a realização do programa de treinamento, o que deve levar em conta, também, aspectos financeiros e a disponibilidade dos funcionários.

Passemos à diferença entre treinamento eficiente e treinamento eficaz. O primeiro (eficiente) é um treinamento bem-feito em comparação ao que pretendemos em termos de custos e tempo, por exemplo. O segundo (eficaz), por sua vez, é aquele que resolve o problema que o justificou.

Talvez por serem conceitos simples, muitas organizações não lhes dão a atenção devida. Embora isso ocorra, a eficiência e a eficácia devem estar presentes nos momentos anteriores ao desenho e à implementação do treinamento.

Na verdade, questões relacionadas à eficiência e à eficácia devem balizar o processo de definição quanto a fazer ou não determinado programa de treinamento. Isso porque é preciso termos clareza quanto ao que motiva a realização de tal atividade.

Não é muito frequente encontrarmos profissionais da área de RH, em geral, e de treinamento, em particular, com uma argumentação sólida que expresse claramente o seguinte: "Vamos ensinar isso – e não aquilo – para essas pessoas, e não para outras" e, ainda, "Realizaremos essa tarefa, nesse período – e não em outro –, para melhorar os desempenhos dessas pessoas, que levarão à melhoria dos seguintes resultados".

Sem esse nexo, encontramos sentido na pergunta feita por um diretor a um analista de treinamento que estava sugerindo a realização de um seminário sobre motivação: "Você tem certeza de que esse seminário é melhor do que fazermos um churrasco?". Nessa circunstância, o analista provavelmente não apresentou uma argumentação sólida para justificar a realização do seminário.

Aplicação do treinamento

Vejamos um pensamento que resume bem a ampla natureza dos métodos e das técnicas de treinamento:

> *Existe uma infinidade de métodos e técnicas de treinamento utilizados pelas organizações, desde os mais simples até os mais sofisticados: prático ou aprender fazendo, conceitual ou aprender pela teoria, simulação ou aprender imitando a realidade, comportamental ou aprender por desenvolvimento psicológico.*[14]

Como consequência, dependendo dos múltiplos fatores envolvidos no processo de planejamento dos programas de treinamento, estratégias pedagógicas correspondentes devem ser adotadas.

Vale ressaltar que, por melhor que seja o programa de treinamento, se não houver, no ambiente e no posto de trabalho, uma cultura de apoio às novas práticas, com a aplicação de consequências consistentes em relação ao desempenho melhorado, todo esse esforço se torna inútil. Podem ser gerados, inclusive, desconfortos significativos no funcionário recém-treinado.

Planejamento de carreiras

Origem da palavra carreira

Algumas ideias centrais merecem análise para entendermos a evolução do significado de *carreira* e de sua contextualização nas organizações.

A palavra vem do latim *carraria*, que significa *estrada para carros*. Dessa forma, até pouco tempo, a carreira era como um trilho, em que o profissional entrava e sabia, de antemão, qual e como era o percurso e onde e como era o destino. Em síntese, a carreira estava associada à ocupação, algo definido e estruturado pela organização, isto é, a gestão da carreira era responsabilidade da organização.

---

[14] HANASHIRO, D. M. M.; TEIXEIRA, M. L. M.; ZACCARELLI, L. M. (Org.). *Gestão do fator humano*: uma visão baseada em *stakeholders*. São Paulo: Saraiva, 2007. p. 264-265.

Mais recentemente, surgiu o conceito de *carreira proteana*:

> O termo é derivado do deus Proteu que, na mitologia grega, possuía a habilidade de mudar de forma ao comando de sua vontade... em resumo, a carreira proteana é desenhada mais pelo indivíduo que pela organização, e pode ser redirecionada de tempos em tempos para atender às necessidades da pessoa.[15]

Como consequência do conceito de *carreira proteana*, pensamos a carreira hoje como uma perspectiva do indivíduo, que diz respeito a sua agenda e que encontra nas organizações oportunidades para construir uma narrativa profissional.

Essa nova forma de compreender a carreira gera a necessidade de a GRH desenhar um modelo de gestão de pessoas que contemple a disponibilização das mencionadas oportunidades de aprendizagens profissionais. Disso também decorre a importância crucial do papel da liderança no apoio a essas aprendizagens.

Desse modo, em empresas em que só se priorizam resultados de ciclos curtos – atingimento de metas, por exemplo –, a liderança, naturalmente, vai acabar preterindo ações de desenvolvimento de longo prazo das competências de suas equipes. Essas empresas dão ênfase apenas à eficiência, sem se preocupar mais seriamente com sustentabilidade e resultados de longo prazo, ou seja, com a eficácia.

Planejamento e gestão de carreiras

Explorando um pouco mais o conceito de *carreira*, podemos dizer que esta é a sucessão de experiências de trabalho ou ciclos de desafios profissionais de um indivíduo ao longo do tempo.

Sob a perspectiva da organização no ambiente contemporâneo, o eixo básico do planejamento de carreiras considera a disposição e o envolvimento das equipes como fundamentais para a inovação e a competitividade sustentável. Nesse sentido, é importante ressaltar que, para que

---

[15] MARTINS, Hélio Tadeu. *Gestão de carreiras na era do conhecimento*. Rio de Janeiro: Qualitymark, 2001. p. 32.

ocorram a disposição e o envolvimento das pessoas, não podemos falar em dicotomias entre necessidades e interesses das empresas e os das pessoas. Por outro lado, também não devemos falar nas necessidades das pessoas, pois isso cria uma assimetria de interesses que gera, inevitavelmente, prejuízos para:

- os profissionais, que ficam desmotivados, infelizes, bloqueados em seus talentos;
- as empresas, que desperdiçam talentos e recursos, afetando, negativamente, sua competitividade.

Conforme começamos ver, ao pensar em carreira, podemos pensar em planejamento e gestão. Vejamos, então, as diferenças entre planejamento e gestão de carreiras.

O *planejamento de carreiras* ocorre quando a organização procura alinhar o desenvolvimento de competências ao longo do tempo com seus movimentos estratégicos de curto, médio e longo prazos. Já a *gestão de carreiras* ocorre no cotidiano organizacional e diz respeito aos cuidados que a carreira recebe por parte do próprio indivíduo, da liderança e das práticas de gestão, articulando, dessa forma, os interesses dos indivíduos e da organização.

No ambiente de negócios contemporâneo, existem alguns itens que refletem condições importantes em termos de planejamento e de gestão de carreira, tais como o conhecimento de que:

- a carreira é assunto prioritário *da* e *para* a pessoa;
- a organização é um espaço de oportunidades para a materialização do desenvolvimento pessoal-profissional;
- o desafio central da liderança é procurar alinhar o projeto de carreira do profissional com as competências que os movimentos estratégicos demandam no presente e no futuro;
- as pessoas procuram sentido nos desafios profissionais e se interessam muito por posições, atividades e responsabilidades que sinalizam desafios significativos nas organizações.

Autodesenvolvimento e progressão

No processo de autodesenvolvimento e de progressão, o papel do líder como *coach* é fator decisivo. Podemos entender esse papel como um apoio ao subordinado na melhoria do desempenho em suas atribuições atuais. Além disso, se entendermos a essência do que seja *coaching*, podemos perceber sua importância no processo de progressão profissional.

De acordo com Whitmore,[16] o processo de *coaching* consiste "mais em ajudar pessoas a aprender do que em ensiná-las". Nesse sentido, o caráter autônomo da gestão da carreira traduz-se no autogerenciamento do processo de materialização dos propósitos profissionais do indivíduo.

Importa-nos, ainda, esclarecer que o estímulo ao desenvolvimento das chamadas inteligências *intra* e *interpessoal* – que são nucleares para o autogerenciamento – é vital no processo de planejamento e de gestão de carreiras. Assim, para a liderança poder praticar o processo de *coach*, é necessário, primeiro, que ela passe pelo processo de desenvolvimento de suas inteligências intra e interpessoal. Esse é um dos grandes e mais urgentes desafios da GRH na busca de um modelo e de um ambiente competitivo de gestão de pessoas.

---

[16] O texto entre aspas é tradução livre de "...it is helping them to learn rather than teaching them.", do livro: WHITMORE, John. *Coaching for performance*. London: Nicolas Brealey Publishing, 1996. p. 8.

Autoavaliações

Questão 1:

A criação de recursos humanos estratégicos é fundamental para as empresas modernas.

Diante disso, é correto afirmarmos, a partir da concepção da GRH como parceria estratégica, que o desenvolvimento desses recursos:

a) começa no processo de recrutamento.
b) alcança, na maioria das vezes, a pós-carreira.
c) contempla, poucas vezes, o recrutamento e a seleção.
d) tem início no processo de planejamento de carreiras.

Questão 2:

No processo de recrutamento, devemos manter o foco nas qualificações básicas do cargo para que não incorramos em custos desnecessários.

No que diz respeito às fontes de recrutamento, entre elas, **não** podemos incluir:

a) a consulta a clientes.
b) os cadastros públicos.
c) as agências de emprego.
d) a recomendação de empregados.

Questão 3:

O processo de seleção deve nos permitir prever o desempenho de um candidato que venha a ser, eventualmente, contratado. Para isso, a escolha de técnicas adequadas de seleção é fundamental.

Entre as técnicas de seleção, a que **não** deve ser incentivada pela empresa é:

a) a entrevista.
b) o exame médico.
c) o teste psicológico.
d) a dinâmica de grupo.

Questão 4:

Mudanças organizacionais para a manutenção ou obtenção de vantagens competitivas são cada dia mais necessárias, e um treinamento adequado é fundamental para amparar esse processo.

Sendo assim, podemos dizer que, para realizar um treinamento adequado, devemos:

a) excluir a escolha do programa da etapa de planejamento.
b) estabelecer foco em um público-alvo específico para garantir eficácia.
c) oferecer um grande número de cursos para assegurar um resultado eficaz.
d) convocar um grande número de participantes para avaliar o interesse dos funcionários.

Questão 5:

No processo de seleção, a empresa define alguns pré-requisitos que dizem respeito a experiências e a conhecimentos dos candidatos. No entanto, percebemos uma tendência crescente de ampliação do escopo dos perfis esperados.

Sobre essa questão, podemos afirmar que, hoje em dia, as empresas têm buscado candidatos com o perfil adequado:

a) ao cargo.
b) ao mercado.
c) ao cargo e não necessariamente à organização.
d) à organização e não necessariamente ao cargo.

Questão 6:

Sabemos que o processo de treinamento é composto de quatro fases, além da fase que envolve os aspectos mais práticos do processo, como a avaliação da melhor época para sua realização, dos fatores que se deve levar em conta, dos custos e da disponibilidade dos funcionários.

Sobre as outras quatro fases do processo, podemos dizer que são:

a) diagnóstico, desenho, execução e avaliação.
b) confecção, avaliação, correção e reaplicação.
c) divulgação, desenho, execução e encerramento.
d) diagnóstico, confecção, execução e encerramento.

Questão 7:

Na maioria dos casos, o fato de uma empresa oferecer, pelo menos, um dos fatores de atração é suficiente para que ela atraia e mantenha funcionários talentosos. Em outros casos, a ausência de um dos fatores já marca a empresa como desinteressante.

Entre os fatores que atraem e mantêm funcionários em uma empresa, **não** podemos elencar:

a) o ambiente estimulante.
b) a remuneração competitiva.
c) a perspectiva de crescimento.
d) a preservação no cargo de origem.

Questão 8:

O recrutamento é um oferecimento de oportunidades. Nesse sentido, as empresas devem enxergar os candidatos como:

a) pessoas em busca de emprego.
b) profissionais oferecendo competências.
c) profissionais em busca de salários altos.
d) profissionais competindo no mercado de trabalho.

Questão 9:

Existem diversas fontes de recrutamento. Uma delas é a indicação por parte de funcionários da própria empresa.
Essa opção de recrutamento oferece como vantagem:

a) o aumento do nível de diversidade na organização.
b) o estímulo à competição entre o indicado e os colegas de área.
c) a possibilidade de conseguir candidatos sem necessidade de oferecer atrativos.
d) o envolvimento e o compromisso por parte de quem indica e por parte de quem é indicado.

Questão 10:

Partindo do princípio de que a seleção é um processo de previsão, é preciso considerar a validade da técnica empregada, isto é, o que ela avalia e até que ponto o faz.
Dessa forma, quando analisamos se um teste avalia, de fato, aquilo a que se propõe, estamos avaliando a validade de:

a) critério.
b) conceito.
c) conteúdo.
d) alinhamento.

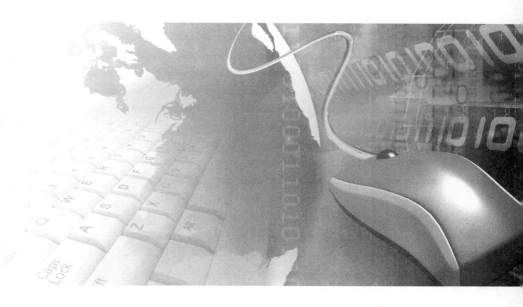

Módulo IV – Sistemas de avaliação, remuneração e liderança

Módulo IV – Sistemas de avaliação, remuneração e liderança

Neste módulo, focalizaremos questões relativas ao processo de avaliação de desempenho, relacionando-o à motivação, às competências, à remuneração e aos benefícios.

Além disso, analisaremos a forte relação entre a GRH e a liderança, enfatizando como isso se reflete no desenvolvimento do trabalho em equipe e como tudo isso impacta a competitividade das organizações.

Motivação

Contextualização

Discutiremos, a partir de agora, como os sistemas de avaliação e remuneração da empresa podem afetar a motivação de seus funcionários. Começaremos apresentando pontos essenciais para a compreensão da motivação no ambiente de trabalho.

Entretanto, não esgotaremos aqui esse tema, pois essa é uma longa e clássica discussão da área de GRH, abordada por diferentes autores com diferentes perspectivas. Vamos discutir e refletir sobre esses pontos essenciais, procurando extrair algumas lições práticas para o cotidiano organizacional.

Retomaremos, também, alguns pontos centrais do conceito de *competência*, associando-o, agora mais diretamente, às questões de avaliação e remuneração.

Definição

Depois de uma semana de trabalho duro, em que as pessoas não se sentem muito bem, muitas delas acordam cedo no final de semana para atuar como voluntários em organizações não governamentais (ONGs).

Por outra perspectiva, é muito comum vermos a expressão de alegria dos funcionários na sexta-feira à tarde e seu desânimo na segunda-feira pela manhã. Na verdade, esse marasmo já se inicia no domingo após o almoço.

Mais uma situação comum é o fato de, nas empresas, pessoas com atividades e remuneração semelhantes apresentarem envolvimentos díspares. Por exemplo, profissionais com bons salários e benefícios, com frequência, mostram *sofrimento* por ter de trabalhar.

Apresentamos até aqui alguns casos, porém os exemplos são intermináveis. Sendo assim, como podemos tentar explicar isso? Talvez a palavra *motivação* ajude-nos a entender essas e outras situações similares. Então, perguntamo-nos, afinal, o que é motivação?

Há muitos livros, artigos e palestras que procuram explicar o que é motivação. Evidentemente, é uma tarefa difícil explicar algo tão universal e tão recorrente em nossas vidas. Assim, por ser tão simples, a definição a seguir parece dar uma boa noção sobre esse conceito: "vamos definir motivação como o processo responsável pela intensidade, direção e persistência dos esforços de uma pessoa para o alcance de uma determinada meta".[17]

Processos de motivação

Se é, aparentemente, tão fácil definir *motivação* e se é também tão fácil reconhecer pessoas motivadas e pessoas não motivadas – na escola, no trabalho e em outras situações da vida cotidiana –, por que tem sido tão difícil conseguirmos motivar pessoas de forma consistente em termos profissionais?

Quando reconhecemos a importância do indivíduo nos processos de inovação, de superação de metas e de empreendedorismo interno, mais crítica fica a situação da motivação para que as organizações atinjam patamares sustentáveis de competitividade. Mas, afinal, como podemos conseguir tudo isso com pessoas desmotivadas?

Basicamente, duas correntes procuram oferecer respostas a essa questão:

- a que postula que a motivação é provocada de fora para dentro – motivação extrínseca;
- a que considera que a motivação ocorre de dentro para fora – motivação intrínseca.

Portanto, resta-nos o desafio de saber: Como podemos provocar ou despertar a motivação para que a *intensidade, direção e persistência dos esforços* derivem, de fato, de uma força deliberada, intencional e, na medida do possível, valiosa e prazerosa?

Na perspectiva da corrente *de fora para dentro*, com fundamentação, essencialmente, na psicologia behaviorista, o comportamento seria motivado por estímulos externos – condicionamentos por reforços positivos e negativos. Algumas políticas e práticas de gestão típicas podem ser sinais

---

[17] ROBBINS, S. P. *Comportamento organizacional*. 9. ed. São Paulo: Prentice Hall, 2002. p. 151.

do esforço das organizações em conseguir comportamentos pessoais e profissionais adequados. São elas:

- as políticas de premiações;
- as práticas de elogios;
- as práticas de comemorações;
- as políticas de benefícios;
- as políticas de promessas de carreira;
- as políticas de delegação de autoridade.

As empresas que adotam essas práticas valem-se do pressuposto de que essas ações externas ao indivíduo tendem a motivá-los.

A corrente que defende a motivação como algo intrínseco afirma que o comportamento motivado é originado em função de necessidades conscientes ou inconscientes dos indivíduos. Em outras palavras, seria o autointeresse, ou seja, algo nascido a partir de algum propósito estabelecido pela pessoa, que vai ao encontro de alguma necessidade interna. Dessa forma, o autointeresse representa uma força propulsora muito importante para o desencadeamento de um comportamento motivado.

Segundo Dubrin,[18] o significado da motivação *de dentro para fora* envolve, de fato, a ideia de *autointeresse*. Dessa forma, o autor afirma que: "A motivação intrínseca é também conhecida como a teoria da autodeterminação, a ideia de que as pessoas são motivadas quando experimentam uma sensação de escolha na iniciação e regulação de suas ações".

Ainda sobre as motivações extrínsecas e intrínsecas, vamos refletir sobre a seguinte questão: "o que motiva o indivíduo a ir em direção a um copo d'água – o próprio copo d'água ou a sede?". Em resumo, acreditamos que a busca da resposta a essa clássica pergunta pode-nos levar a confusões, a um mero jogo de palavras, a um círculo interminável de argumentações.

Em termos organizacionais, algo salutar poderia ser aceitar que alguém está ou se sente motivado quando encontra um motivo para tal. Para que isso se torne também prático, podemos explicitar, claramente, o que é a organização, como ela funciona, o que podemos, concretamente, esperar dela e o que esperamos do profissional que pretende atuar dentro

---

[18] DUBRIN, A. J. *Fundamentos do comportamento organizacional.* São Paulo: Thomson, 2003. p. 128.

da organização. Dessa forma, deixamos que o indivíduo opte por aceitar ou não *entrar nesse jogo*.

O *jogo limpo* entre funcionário e empresa parece ser uma das condições mais vitais para que as pessoas encontrem motivação. Em outras palavras, as pessoas buscam encontrar sentido no trabalho em si e em suas consequências. Com isso, se a empresa consegue mostrar, na prática, o que o sujeito pode esperar do trabalho e da empresa em contrapartida a seu esforço, é provável que pessoas conscientes se envolvam adequadamente ou saiam quando não vejam mais sentido naquilo.

Competências e desenvolvimento

Competência

Podemos entender *competência* como a combinação no indivíduo de conhecimentos, habilidades, valores, crenças e processos cognitivos. Essa combinação tipifica a singularidade do indivíduo e manifesta-se no que chamamos de *desempenho*. Nessa perspectiva, quando alguém realiza alguma atividade, em uma dada situação, a pessoa se manifesta e, portanto, manifesta sua competência naquilo.

Na língua inglesa, podemos notar uma diferença entre dois conceitos que, na língua portuguesa, não fica bem clara, são eles: *competency* e *competence*. "A palavra *competency*, referindo-se a dimensões do comportamento que estão por trás de um desempenho competente, diferencia-se da palavra *competence*, que designa áreas de trabalho em que a pessoa é competente."[19] Portanto, *competency* diz respeito às características do indivíduo e a seus conhecimentos, suas habilidades e suas atitudes, enquanto *competence* refere-se ao desempenho e a seus resultados.

Em termos genéricos, as competências se manifestam em saber aprender, saber fazer, saber ser e saber relacionar-se. Já a *competência central* consiste na capacitação básica essencial de uma organização, que a usa como recurso estratégico para competir e crescer.

---

[19] FLEURY, A.; FLEURY, M. T. L. *Estratégias empresariais e formação de competências*: um quebra-cabeça caleidoscópico da indústria brasileira. São Paulo: Atlas, 2000. p. 18.

Quando pensamos nas competências dos indivíduos, é importante realçarmos a necessidade de uma visão estratégica, pois o arranjo dessas competências sustenta o diferencial competitivo das organizações. Sobre o assunto, Prahalad e Hamel, em *Competindo pelo futuro*,[20] utilizam a expressão competência essencial (*core competence*), quando tratam das capacidades que levam as empresas à liderança em seu setor. O foco desses autores está nas competências coletivas. Seu argumento é o de que as portas do sucesso se abrirão para as organizações que souberem identificar e desenvolver as competências que serão necessárias.[21]

A tematização da competência leva-nos também a refletir sobre a *gestão de competências*. Nesse sentido, o melhor modelo de gestão de competências é aquele que reflete consistência com a visão, a missão, os valores e a perspectiva estratégica da organização. Portanto, observamos que *modelo* é decorrência de algo, e não algo que existe por si só.

Isso nos leva à compreensão de que cada empresa deve desenvolver seu modelo singular, o que não quer dizer que as empresas não possam aprender umas com as outras, *copiar* pedaços, por exemplo. Logo, toda empresa deve ter bastante clareza sobre quais as competências que, de forma diferenciada, sustentam a excelência de seu desempenho.

Avaliação de desempenho

Resultados da avaliação

Alguns objetivos dão uma boa visão das possíveis utilizações dos resultados da avaliação como:

- indicadores de eficácia de programas de treinamento;
- estímulos ao autoconhecimento e, consequentemente, orientação de um processo futuro de desenvolvimento;
- identificação de desempenhos muito acima ou muito abaixo do esperado, o que gera programas de melhoria de desempenho e de crescimento na carreira.

---

[20] HAMEL, G.; PRAHALAD, C. K. *Competindo pelo futuro*. Rio de Janeiro: Campus, 2005.
[21] EQUIPE COOPERS E LYBRAND. *Remuneração por habilidades e por competências*: preparando a organização para a Era das Empresas de conhecimento intensivo. São Paulo: Atlas, 1997. p. 123.

Além disso, algo subjetivo e poderoso pode ocorrer como consequência de um processo maduro de avaliação. Ao buscarmos uma maior clareza com relação às tarefas, às metas e aos movimentos estratégicos da organização, emerge o alinhamento entre as expectativas da organização – representadas pela manifestação dos gestores – e as expectativas dos indivíduos. Só por isso, já valeria a pena estimular o processo de avaliação contínua do desempenho, já que crescem o indivíduo, a organização e o próprio gestor.

Processo de avaliação e modelo de gestão

Vejamos, agora, o significado da expressão *cidadania organizacional*. Em termos práticos, a cidadania organizacional reflete a cooperação, a disponibilidade para ajudar os outros e o envolvimento com as práticas e as metas da organização. Dessa forma, a cidadania organizacional amplia as fronteiras das tarefas definidas pelo cargo; portanto, é vital que a liderança contemple essa perspectiva no processo de avaliação de desempenho.

Outro aspecto que devemos considerar é que as ações cooperativas e de compartilhamentos dão nova dimensão ao desempenho. Sendo assim, se a liderança se ativer à descrição do cargo, pode desestimular esse tipo de comportamento e enfraquecer um ambiente estimulante e inovador.

Existem muitos métodos para avaliarmos o desempenho, como, por exemplo:

- avaliação por atendimento de objetivos;
- escalas de pontuação;
- comparação com padrões estabelecidos;
- técnica dos incidentes críticos.

Algumas empresas usam um simples relatório, no qual o chefe registra seu parecer a respeito do desempenho de cada um de seus subordinados. Nesse relatório, os funcionários também podem registrar seus comentários e as chefias superiores podem validar essas análises. Por um lado, esse processo tem a vantagem da simplicidade, da livre expressão e da documentação; por outro, há a desvantagem do subjetivismo e da dificuldade de tabulações posteriores.

Diante dos múltiplos aspectos relacionados à avaliação, a organização deve desenhar um processo de avaliação de desempenho consistente com seu modelo de gestão. Logo, se uma empresa orienta-se por objetivos, ela deve avaliar objetivos. Se outra empresa orienta-se por processos, esta deve avaliar esse critério.

Imaginemos uma organização muito competitiva que espera que seus colaboradores tomem iniciativas e entreguem resultados – mantidos os valores da empresa. Essa organização, simplesmente, avalia a iniciativa e a entrega de resultados, além de também oferecer remuneração em função disso. Essa é uma avaliação simples, eficiente e clara.

Podemos pensar, no caso do exemplo anterior, que estamos diante de uma ótima empresa, não porque tem determinado modelo, mas porque é consistente e alinha o modelo de gestão a seus movimentos estratégicos, praticando o que verbaliza.

Remuneração e benefícios

Situações e questões sobre remuneração

Em termos operacionais, uma adequada e clara política de remuneração e de benefícios traz ganhos consideráveis em termos de equilíbrio interno e externo, de atratividade, de custos e de clima organizacional.

Na perspectiva da gestão estratégica de RH, algumas perguntas devem ser consideradas, não para tentarmos encontrar a resposta certa, mas para fazermos uma escolha de uma resposta que a organização entenda como consistente com seu modelo de gestão.

Quando tratamos de remuneração, uma pergunta básica que precisa ser respondida é a seguinte: como podemos compatibilizar uma política de remuneração atraente com a gestão de custos? Se a estratégia da empresa é competir no segmento de baixos custos, isso é, evidentemente, vital.

Existem outras perguntas a serem feitas sobre remuneração, tais como:

- Em que situações ou áreas o pagamento de comissões funciona? Como podemos compatibilizar isso com outras áreas?

- Em que situações é preferível um sistema de remuneração de longo prazo – opções de compra de ações?
- Se a empresa for de uso intensivo de mão de obra, a alternativa à remuneração mais limitada seria uma espécie de compensação por meio de benefícios?
- É preferível remunerar bem agora e não se comprometer com promessas futuras de carreira ou remunerar pouco e prometer possibilidades de promoções futuras para quem permanecer na organização?
- Se pensamos em elevar o salário inicial para atrair jovens recém-formados, como podemos assegurar equilíbrio na hierarquização da política salarial?
- Como devemos lidar, dessa forma, com eventuais descontentamentos de profissionais mais antigos? Se a política de remuneração privilegia a distinção de *performances* individuais, como podemos valorizar as atividades em grupo?
- Como devemos diferenciar o sistema de remuneração do pessoal técnico do sistema de remuneração da equipe gerencial, estimulando o quadro técnico ao desenvolvimento de carreiras especializadas, não gerenciais?
- Queremos acentuar *distâncias* hierárquicas, com um sistema de remuneração com grandes disparidades, ou queremos uma estrutura mais igualitária, com um sistema de remuneração mais *achatado*?

As respostas a essas questões dependem, evidentemente, de diferentes fatores. Entretanto, se entendermos essas questões como um primeiro *check-list* de pontos-chave, teremos um bom guia para desenharmos uma adequada política de remuneração.

Entre os fatores que devemos considerar para nos ajudar na busca de respostas para questões sobre remuneração, temos:

- o ambiente econômico como um todo, de crescimento ou de contenção;
- a situação do desemprego;
- o nível de competição no setor em que a empresa atua;
- as práticas de remuneração do mercado e do setor;
- a direção em que vai o movimento estratégico da organização.

Sistema de remuneração

Um dos objetivos centrais de um sistema de remuneração é diferenciar as funções, em face das responsabilidades, do escopo, do impacto e, ao mesmo tempo, assegurar uma grande integração da empresa como um todo. Isso implica uma grande contradição e se apresenta como um complexo desafio.

Outro grande objetivo de um sistema de remuneração é ser claro e estável, para garantir credibilidade, além de, simultaneamente, ser flexível o suficiente para permitir adequações e ajustes que os ambientes interno e externo venham a demandar. Esse objetivo também gera contradições.

Contudo, seja qual for o desenho adotado, o importante é institucionalizar a crença de que o desempenho faz diferença. Nesse ponto, devemos refletir se existe ou não um sistema único de remuneração.

Para responder à questão anterior, podemos afirmar que não existe um modelo padrão de remuneração que sirva para todo tipo de empresa. Dessa forma, dentro de uma mesma empresa, devemos considerar a possibilidade de seu sistema de remuneração poder atender às dimensões diferenciadas que permeiam a organização.

Uma empresa pode querer, para a área de vendas, por exemplo, remunerar *performances* individuais, estimulando a competição. Já na área de desenvolvimento de produtos, por exemplo, a empresa poderia querer privilegiar os resultados das equipes, remunerando as *performances* dos grupos, isto é, estimulando a cooperação e o compartilhamento.

Ainda na mesma empresa, a remuneração da área de suporte tecnológico, gerenciada por projetos, por exemplo, poderia ser gerenciada por entregas, avaliando-se e remunerando-se tanto o desempenho individual quanto o desempenho do grupo.

Logicamente, é difícil fazermos o desenho de tal sistema múltiplo, e a gestão das práticas decorrentes seria bastante difícil. De qualquer forma, ninguém se arriscaria mesmo a dizer que a gestão estratégica de pessoas é algo fácil.

Por outro lado, é importante o reconhecimento de que mais problemática do que as dificuldades de gestão estratégica de pessoas é, com certeza, a gestão de uma política de remuneração não consistente. Um dos principais problemas decorrentes dessa inconsistência, por exemplo, é o enorme tempo de gestão que consome, além do desgaste nas relações que pode provocar.

O que podemos depreender disso tudo, em síntese, é que a remuneração é uma parte de todo o processo de gestão de pessoas. Dessa forma, além da remuneração, também concorrem para a satisfação dos empregados:

- um ambiente de trabalho estimulante;
- uma liderança apoiadora;
- as oportunidades concretas de aprendizagem e de desenvolvimento.

Enfim, é necessário que haja uma cultura organizacional em que o trabalho tenha sentido e alegria. Devemos lembrar que o oposto de um ambiente divertido não é um ambiente sério, na verdade, o oposto de *divertido* é *chato*.

Benefícios

Os *benefícios* representam algo como uma complementação da remuneração, completando também os próprios objetivos dos sistemas de remuneração. Alguns benefícios são obrigatórios, por lei ou por convenções coletivas, outros são obrigatórios por deliberação das próprias empresas.

A lista de benefícios é enorme e de natureza mais diversa. Vejamos alguns itens dessa lista:

- 13º salário;
- férias remuneradas;
- descanso semanal remunerado;
- contribuição para a previdência;
- seguro de vida em grupo;
- seguro-saúde;
- refeições subsidiadas;
- creches para os filhos;
- atividades culturais;
- academia de ginástica ou dança;
- uso pessoal de carro da empresa;

- opções para compra de ações da empresa;
- *outplacement*.

Além de complementarem a remuneração propriamente dita, os benefícios oferecem segurança, saúde e apoio pessoal-familiar. Outra possibilidade é a de os benefícios serem a base de programas de fidelização dos funcionários e servirem de ferramentas de recrutamento.

Algumas empresas estão adotando o conceito de *benefícios flexíveis*, em que os funcionários escolhem, a partir de critérios e de delimitações, sua *cesta de benefícios*, com isso, priorizam-se expectativas e necessidades mais singulares. Esse modelo tem trazido resultados muito positivos em termos de aceitação por parte dos empregados, mas requer, também, uma gestão mais complexa.

Em meio à temática sobre os benefícios, não podemos deixar de lado a questão da gestão dos custos. Isso porque, além dos custos diretos que os benefícios representam, há também o custo da mencionada gestão desses programas. Assim, de maneira geral, ao desenharmos o programa de benefícios da organização, temos de considerar:

- o ambiente externo;
- os princípios estabelecidos no modelo de gestão;
- a cultura organizacional;
- as características demográficas, sociais, culturais e profissionais da força de trabalho.

Dessa forma, tais programas podem-se alinhar à estratégia do negócio em curto, médio e longo prazos.

GRH e liderança

Aproximação dos conceitos de liderança e motivação

A liderança é um dos fatores críticos de sucesso da gestão estratégica de pessoas, pois é por meio dela que se pratica – ou não – a essência da gestão de pessoas. É a partir dessa prática que também construímos a cultura organizacional, visto que a cultura é descritiva e, portanto, é o que resulta dessas práticas.

Originariamente, os estudos relacionados à liderança estavam mais interessados no que entendíamos como *pessoas excepcionais*.

Nesse sentido, podemos aproximar os conceitos de *liderança* e *motivação* a partir da noção de motivação como "um processo pelo qual o comportamento é mobilizado e sustentado no interesse da realização das metas organizacionais".[22]

Mobilizar e sustentar comportamentos e associá-los a interesses, não necessariamente desejados espontaneamente pelos trabalhadores, requer, obviamente, alguma *força especial*. Afinal, como podemos fazer com que nossas vontades sejam, obedientemente, as vontades dos demais? Disso resulta uma das prováveis razões para as tentativas de aproximar a ideia de líder com a de alguém excepcional.

Liderança carismática

Para entendermos a relação entre as noções de *líder forte* e *carismático*, é útil nos valermos do sentido original das palavras.

No *Dicionário Aurélio da língua portuguesa*,[23] vemos que *carisma*, cuja raiz grega *chárisma* significa *dom*, consiste em "uma força divina conferida a uma pessoa, mas em vista da necessidade ou utilidade da comunidade religiosa".

Em sentido complementar, carisma significa também "atribuição a outrem de qualidades especiais de liderança, derivadas de sanção divina, mágica, diabólica ou apenas de individualidade excepcional".

É curioso notarmos que, impropriamente, carisma também tem o sentido de *epilepsia*. Segundo o *Dicionário Aurélio*,[24] essa associação era feita pelo seguinte motivo: "[...] provavelmente porque, outrora, quando um condenado à morte sofria um ataque epiléptico, recebia o perdão por acreditar-se ter sido visitado pela graça divina".

---

[22] DUBRIN, A. J. *Fundamentos do comportamento organizacional*. São Paulo: Pioneira Thomson Learning, 2003. p. 110.

[23] FERREIRA, Aurélio Buarque de Holanda. *Dicionário Aurélio da língua portuguesa*. 3. ed. Curitiba: Positivo, 2004. p. 407.

[24] Ibid. p. 835.

A partir disso, de acordo com Boudon e Bourricaud,[25] a liderança carismática pode ser entendida como: "[...] uma relação de poder fortemente assimétrica entre um guia inspirado e uma corte de seguidores. Em última instância, essa liderança não tem predecessor nem sucessor. O poder carismático é, portanto, um poder pessoal".

Podemos, por outro lado, dissociar o conceito de *líder* da relação compulsória com a ideia de *carisma*. Nesse sentido, em uma perspectiva atual e mais ampla, a *liderança* pode ser entendida como a ação de influenciar outros, conseguindo, com isso, que resultados sejam alcançados.

Vemos que o conceito de *influência*, portanto, está bem presente quando falamos sobre liderança e sobre gestão. A fonte dessa influência, entretanto, pode provocar algumas controvérsias.

Liderança e gestão

Quando falamos em liderança, é comum surgir a discussão sobre a relação entre *líder* e *gestor*. Alguns entendem que há proximidade entre esses conceitos, argumentando que são faces de uma mesma moeda. Assim, a forma como um gestor atua em relação à equipe e como isso é percebido – seu estilo de liderança – apenas diferencia um jeito de outro em termos de gestão.

Para outros, a gestão lida com a textura organizacional, organizando e fazendo funcionar recursos financeiros, equipamentos, pessoas, procedimentos, relações institucionais, etc. Enquanto isso, a liderança lidaria com as mudanças, com a projeção do futuro.

Em resumo, para os que acreditam nas diferenças entre liderança e gestão, o poder da gestão é formal – derivado do cargo – e exerce uma influência *de cima para baixo*. Já o poder da liderança emana da pessoa, que é percebida como possuidora de alguma qualidade ou de algum atributo que a faz merecedora de confiança e de respeito. Nesse caso, a influência vem *de baixo para cima*.

O que podemos depreender de tudo isso é que a liderança pode ser atribuída e exercida por qualquer pessoa dentro da organização. Contu-

---

[25] BOUDON, R.; BOURRICAUD, F. *Dicionário crítico de sociologia*. Tradução: Maria Letícia Guedes Alcoforado e Durval Ártico. São Paulo: Ática, 1993.

do, quando esse poder de influência não é percebido em quem exerce o poder formal de gerência, podem ocorrer distúrbios importantes nas relações organizacionais. Ainda assim, o gestor, possui muitas *armas organizacionais*, como, por exemplo, a força institucional do cargo e o poder de avaliar, recomendar e contratar.

Por conta de suas *armas*, o gestor tem muitas condições de aproveitar o poder de influência e de somar a condições formais, características pessoais típicas da liderança. Portanto, como dizemos popularmente, o gestor "tem a faca e o queijo nas mãos".

Ainda em relação à questão de liderança e de gestão, é fácil notarmos a poderosa influência que a GRH pode exercer, ao se colocar ao lado dos gestores para apoiá-los em seu desenvolvimento rumo ao exercício pleno – e bastante complexo – de seus papéis de gestor e líder. Afinal, como afirma Robbins,[26] as organizações precisam de liderança forte e administração forte para atingir sua eficácia ótima.

A citação a seguir de Robbins[27] talvez resuma bem essa discussão, em função de a importância da gestão e da liderança estarem presentes no desempenho do gestor.

> *Liderança e administração são dois termos que costumam ser confundidos. Qual é a diferença entre eles?*
>
> *A boa administração traz ordem e consistência por meio da elaboração de planos formais, do projeto de rígidas estruturas organizacionais e da monitoração dos resultados em comparação com os planos.*
>
> *A liderança, por outro lado, diz respeito ao enfrentamento da mudança. Os líderes estabelecem direções por meio do desenvolvimento de uma visão do futuro, depois, engajam as pessoas, comunicando-lhes essa visão e inspirando-as a superar os obstáculos.*

---

[26] ROBBINS, Stephen P. *Comportamento organizacional*. 9. ed. São Paulo: Prentice Hall, 2002. p. 304.
[27] Ibid. p. 303.

Estudo de características do líder

O interesse sobre pessoas que conseguiam influenciar e se fazerem seguir é milenar. Não é de se estranhar, portanto, que o assunto tenha entrado, também há muito tempo, na agenda de temas relevantes da teoria administrativa.

Embora esse tema tenha entrado na mira dos interesses dos estudiosos, isso não fez diminuírem as divergências a respeito da liderança. Em outras palavras, os estudos e a compreensão do assunto evoluem com grande velocidade, desde a perspectiva da liderança, como característica pessoal do líder, até o conceito de *liderança transformacional.*

Com a evolução dos estudos sobre liderança, passamos da concepção do líder como possuidor de características inatas – o líder já nasce com os traços de líder –, com seguidores obedientes, e chegamos à concepção do líder como *inspirador.* Isso porque, "no mundo dinâmico de hoje, precisamos de líderes que desafiem o *status quo,* criem visões de futuro e sejam capazes de inspirar os membros da organização a querer realizar essas visões".[28]

Na base dos conceitos relativos ao líder, está o *princípio da confiança,* pois, conforme afirma Robbins[29] "[...] a confiança ou a falta dela é uma questão cada vez mais importante nas organizações". Além disso, o autor também contextualiza a importância da confiança no ambiente competitivo contemporâneo, explicando que:

> *Parte da tarefa do líder tem sido trabalhar com as pessoas para identificar e solucionar problemas, mas seu acesso ao conhecimento e ao pensamento criativo, necessários para a resolução dos problemas vai depender do quanto as pessoas confiam nele. A confiança e a credibilidade modulam o acesso do líder ao conhecimento e à cooperação.*[29]

Devemos refletir também sobre em que está baseada a confiança. A resposta a esse questionamento talvez tenha sido dada há muito tempo, com base nos conceitos de *éthos, páthos* e *lógos.* Essas dimensões – ou

---

[28] ROBBINS, Stephen P. *Comportamento organizacional.* 9. ed. São Paulo: Prentice Hall, 2002. p. 304.
[29] Ibid. p. 325.
[30] Ibid.

outras que as complementam – vêm ao encontro da concepção de que a essência da liderança está no desenvolvimento das inteligências intra e interpessoal.

Gestão da organização e imagem positiva

As reflexões de Barth[31] nos fazem realçar algumas observações empíricas. As empresas fazem grandes esforços para criar uma imagem positiva no mercado de trabalho, seja criando sistemas sofisticados e atraentes de remuneração e de benefícios ou desenhando e oferecendo planos estimulantes de carreira.

Acontece que, se é verdade que as pessoas são atraídas por essas razões, também parece ser verdade que, em geral, elas acabam saindo da organização porque a gestão é incompetente. Portanto, não basta dar atenção a apenas um desses aspectos, sendo importante, ainda, como vimos inicialmente, perceber a liderança como um dos fatores críticos de sucesso da gestão estratégica de pessoas.

Liderança e trabalho em equipe

Definição de equipe

De forma objetiva, podemos dizer que *equipe* é um conjunto de profissionais em busca de um resultado comum. Nesse sentido, equipe pode ser:

- um conjunto pequeno de profissionais que se complementam em termos de competências, como é o caso de uma equipe em um pequeno projeto para melhoria de um dado processo;
- uma grande equipe de vendedores, espalhados geograficamente, alinhados, por exemplo, por metas de desempenho, pelas orientações estratégicas e pelos valores da organização;
- um pequeno grupo de pessoas que trabalham em conjunto, o que podemos associar ao conceito de *trabalho em equipes*.

---

[31] BARTH, Peter. O chefe ruim mata! *Revista T&D*, Rio de Janeiro, ano 11, n. 127, p. 18-21, jul. 2003.

Do ponto de vista organizacional, as equipes são, portanto, pequenos sistemas dentro de um sistema maior, que é a própria organização. Dessa forma, enquanto sistemas dinâmicos, as equipes são reguladas pela homeostase. Quando uma das partes é afetada, o todo reorganiza-se, de forma simplificada, para voltar ao equilíbrio.

Desenvolvimento de equipes e *cluster*

Valendo-nos do conceito de *estratégias de negócios*, podemos aproveitar a ideia de *clusters* para compreender a dinâmica das equipes em uma organização.

A ideia central desse processo é a de que, quando uma das empresas de *cluster* cria algo diferente ou inovador, ela puxa as outras para patamares superiores de competitividade. Nesse caso, outras empresas ficam para trás, mas o *cluster* avança. De maneira similar, essa ideia pode ser aplicada ao processo de desenvolvimento de equipes.

Tomando os *clusters* como exemplo, podemos extrair três condições fundamentais para uma maior efetividade das equipes. A primeira delas é o reconhecimento de que uma equipe bem alinhada e compromissada em termos de objetivos, de complementaridade de competências e de autonomia está equipada para suprir eventuais desfalques ou deficiências, quer fazendo esforços extras, quer ajudando a melhoria do desempenho de seus integrantes.

Outra condição fundamental é o ambiente interno das equipes que, incentivado pela cultura favorecedora da organização, está continuamente sendo *desequilibrado* por desempenhos individuais que se excedem, o que estimula a elevação do patamar de competências de todo o grupo.

Por fim, ainda partindo da ideia de *cluster*, está a noção de que uma liderança competente é o elo crucial de todo esse processo. É a liderança que vai estimular, apoiar, permitir a autonomia da equipe, construindo e fortalecendo o capital intelectual alojado nas equipes.

Equipe *empowered*

Equipes fortes (*empowered*) são parte integrante da maioria das estratégias competitivas das organizações, pois dão sustentabilidade a seu crescimento e sustentam os processos inovadores requeridos. Essas equipes são fortes exatamente porque têm profissionais qualificados e envolvidos, com níveis elevados de autonomia e responsabilidade e com senso de urgência e qualidade nas entregas.

Além das competências técnicas presentes nas equipes fortes, duas outras habilidades são essenciais, quais sejam a *habilidade ou inteligência intrapessoal* e a *habilidade ou inteligência interpessoal*.

A habilidade ou inteligência intrapessoal se reflete em um amadurecimento e em um fortalecimento pessoal-profissional. A pessoa se conhece, sabe o que quer, sabe pensar a respeito de seus limites, de suas forças e de seus valores. Já a habilidade ou inteligência interpessoal se reflete em interações e relações positivas e mutuamente enriquecedoras com os outros.

É importante ressaltar que a experiência de trabalho nas equipes fortes ajuda muito no desenvolvimento das habilidades intra e interpessoal.

Quando falamos em equipes, naturalmente, remetemo-nos também à questão da liderança, pois à liderança cabe o papel central de desenhar, fortalecer, acompanhar e revitalizar essas equipes. Algumas ações simples e objetivas – e talvez por isso mesmo, às vezes, negligenciadas – podem ajudar a liderança nesse processo:

- definir, claramente, a meta comum e, com isso, o escopo da tarefa da equipe;
- assegurar o entendimento disso e das regras de relações internas entre os membros da equipe, além de obter o compromisso de aceitação;
- *quebrar* a meta da equipe em metas específicas, quer dos participantes, quer em termos de cronologia;
- manter a equipe informada sobre tudo o que se refere ao entorno da tarefa e que possa impactar seu desempenho;
- desafiar, continuamente, a equipe e comemorar mesmo as pequenas vitórias;
- assumir a interface com o ambiente externo.

Além disso, se, por um lado, o trabalho em equipe não é o espaço para experimentações – a não ser que seja uma equipe de inovações –, por outro, é uma excelente oportunidade para a aprendizagem. Partindo dessa ideia, devemos praticar, com frequência, o exercício de *lições aprendidas* a partir de sucessos e de dificuldades em face dos obstáculos.

Liderança, equipes e papel da GRH

No decorrer de todo este módulo – e do livro, em geral –, vimos a importância dos recursos humanos para o alcance dos objetivos de uma organização, sendo esse o campo de atuação da GRH. Entretanto, devemos ter atenção ao fato de que a GRH não apenas presta serviços a partir de suas áreas funcionais, como as de recrutamento e de seleção, por exemplo. Esses serviços das áreas funcionais são tarefas importantes, mas dizem respeito a apenas parte de seu papel.

Como pudemos observar, a GRH possui também um papel estratégico. Nesse sentido, o que define a área de GRH como estratégica é sua atuação, que deve sensibilizar, orientar e apoiar a organização como um todo. Além disso, as lideranças, em particular, também são fundamentais para o difícil e vital desafio de construir equipes que criem valor para as organizações.

Na verdade, podemos afirmar que é para isso que existe uma organização – para criar valor – e as pessoas e a liderança estão nessas organizações também para isso. A GRH, por sua vez, tem valor quando demonstra sua efetiva participação nesse processo.

Autoavaliações

Questão 1:

Um processo de avaliação de desempenho, se bem elaborado, gera resultados benéficos à empresa.
Os resultados da avaliação de desempenho permitem:

a) um alto grau de subjetividade na definição de tarefas.
b) a valorização dos laços de amizade entre os funcionários.
c) o tratamento isonômico na remuneração dos funcionários.
d) o alinhamento das expectativas de gestores e colaboradores.

Questão 2:

Avaliações de desempenho nos permitem identificar defasagens nas habilidades de um indivíduo ou, ainda, falta de motivação.
No que diz respeito aos métodos de avaliação de desempenho, **não** podemos citar como exemplo:

a) as escalas de pontuação.
b) a árvore de desempenho.
c) a avaliação por atendimento de objetivos.
d) a comparação com padrões estabelecidos.

Questão 3:

Além de verificar a atuação do funcionário nas tarefas próprias de seu trabalho, a avaliação de desempenho pode contemplar a perspectiva da chamada cidadania organizacional.

Entre os comportamentos que devemos avaliar nessa perspectiva, **não** podemos incluir:

a) a criação e o compartilhamento de novas ideias.
b) a ajuda e a colaboração no trabalho dos colegas.
c) a defesa e a promoção das metas gerais da organização.
d) o empenho no cumprimento de suas metas de produção.

Questão 4:

Na criação de um sistema de remuneração, uma empresa deve considerar um conjunto de decisões estratégicas, entre as quais, a definição de objetivos.

Sobre os objetivos estratégicos de um sistema de remuneração, podemos afirmar que:

a) devem valorizar a concessão de bônus individuais.
b) tornam a remuneração parte do sistema de recompensas.
c) buscam a retenção de membros desejáveis nas metas de custos.
d) diferenciam funções considerando responsabilidades, escopo e impacto.

Questão 5:

Não existe um único método de remuneração eficiente para todo tipo de empresa. Sendo assim, podemos ter uma remuneração variável.

A remuneração indicada para estimular a competição é a:

a) mista.
b) individual.
c) por equipe.
d) por entregas.

Questão 6:

Algumas teorias defendem que sistemas de premiação, remuneração e carreira podem ser usados como reforço positivo, a fim de se gerar um grau maior de motivação e comprometimento por parte dos trabalhadores.

Teorias dessa natureza são chamadas de:

a) behavioristas.
b) essencialistas.
c) motivacionais.
d) antiessencialistas.

Questão 7:

De acordo com as ideias de uma determinada corrente, seria preciso conhecer as necessidades de cada funcionário e seu estilo motivacional para definir o sistema de recompensas a ser implantado em uma empresa.

Essa corrente defende a motivação:

a) negativa.
b) intrínseca.
c) extrínseca.
d) afirmativa.

Questão 8:

Os funcionários, quando dotados de maior autonomia e poder de decisão, comprometem-se com os objetivos da empresa, contribuindo com seus processos de melhoria.

Esse é um dos fatores que permite o surgimento de:

a) *clusters*.
b) equipes *empowered*.
c) projetos de melhoria.
d) avaliações de desempenho.

Questão 9:

Uma equipe pode ser definida como um conjunto de pessoas com qualificações complementares.

De acordo com nossos estudos, entre essas qualificações, **não** podemos incluir:

a) competência técnica.
b) conhecimento teórico.
c) habilidade intrapessoal.
d) habilidade interpessoal.

Questão 10:

Para um eficiente processo de gestão de equipes, o papel do líder é fundamental.

Então, no desempenho desse papel, podemos afirmar que compete à liderança:

a) conter a autoconfiança dos integrantes.
b) definir metas genéricas de desempenho.
c) incentivar o comprometimento dos integrantes.
d) manter o foco na comunicação e não no desempenho.

Vocabulário

Vocabulário

A

Agência de *hunting* – empresa especializada em soluções de recursos humanos, que objetiva recrutar e selecionar a pessoa certa para a função certa.

Agregação de valor – alteração em produtos e na prestação de serviços, de modo a criar qualidade e utilidade para o cliente. A diferenciação de um produto ou serviço pode ser vista como uma forma desse acréscimo de valor. Em inglês, o termo é conhecido *value added*, isto é, valor adicionado.

Albert Humphrey – bacharel em engenharia química pela Universidade de Illinois, mestre pelo Massachusetts Institute of Technology (MIT), também em engenharia química. Em Harvard, foi premiado com um mestrado em administração de empresas.

Durante sua vida profissional, atuou como consultor e diretor para mais de 100 empresas de todo o mundo. Foi o responsável pelo seminário executivo internacional em planejamento de negócios pelo Stanford Research Institute e foi o diretor europeu de operações para o National Bureau of Certified Consultants, nos Estados Unidos.

Criou a análise SWOT, que é um sistema simples para posicionar ou verificar a posição estratégica da empresa no ambiente em questão. Ele a criou enquanto elaborava um projeto de pesquisa na Universidade de Stanford nas décadas de 1960 e 1970, usando dados da revista *Fortune* acerca das 500 maiores corporações.

Alta administração – equipe de comando da organização, formada pelos principais dirigentes e executivos. Esse grupo é constituído por norma legal ou institucional ou mesmo por decisão consensual. A alta administração pode ser estruturada por um conselho de administração, um presidente ou *chief executive officer* (CEO) e uma diretoria executiva. Normalmente, é responsável pela definição dos parâmetros para a elaboração do planejamento estratégico; pelos princípios de gestão e remuneração dos principais executivos; pela prática de políticas de governança, em suma, pelos rumos da organização.

Ambiente organizacional – conjunto de fatores que afetam, positiva ou negativamente, a habilidade das empresas em desenvolver e manter com sucesso seus objetivos.

Andrew Dubrin – PhD em psicologia industrial e clínica pela Michigan State University, é professor de gestão no Instituto de Tecnologia de Rochester. Também trabalha como consultor para organizações, além de ser autor de vários livros e artigos acadêmicos. É especialista nas áreas de liderança e política organizacional.

Aprendizado multifuncional – processo de submissão dos funcionários à aprendizagem de múltiplas funções. Com funcionários que possuem múltiplas competências, é possível um melhor gerenciamento de um projeto, de uma tarefa ou de um processo produtivo.

Ativo – nome genérico dado a máquinas, empresas, ações de uma firma, enfim, a qualquer bem que faça parte da carteira de investimentos. Conjunto de investimentos ou recursos alocados às atividades de uma empresa, englobando seus bens e direitos, como dinheiro disponível, contas a receber, estoques de mercadorias, funcionários, equipamentos produtivos, terrenos e edifícios, entre outros. É comum, no mercado, referir-se ao ativo da empresa, como composto por um grande conjunto de outros ativos menores.

Avaliação de clima – processo de capturar a percepção dos funcionários a respeito de práticas e condições organizacionais em um dado momento ou período.

B

***Balanced scorecard* (BSC)** – metodologia desenvolvida por Norton e Kaplan no início dos anos 1990 como resultado de um estudo dirigido a várias empresas. É considerado um instrumento de gestão, de planejamento e de controle para empresas de qualquer porte. Pretende ampliar a visão dos sistemas de controle tradicionais para além dos indicadores financeiros, em vários sentidos, incluindo informação:

- financeira e não financeira;
- externa e interna;
- sobre o desempenho organizacional;
- sobre os resultados atuais e futuros da empresa.

Os objetivos dessa metodologia vão muito além do que se pode extrair de um mero conjunto de indicadores. Quando é aplicada adequadamente, permite, ainda, transformações organizacionais no sentido da ação, em especial:

- criar uma visão integral da organização e de sua situação atual;
- olhar em frente de forma proativa;
- alinhar a estrutura organizativa;
- estabelecer iniciativas priorizadas em direção à estratégia;
- influenciar o comportamento das pessoas-chave.

Behaviorismo – abordagem psicológica baseada no estudo de fatos objetivos, observáveis e mensuráveis, e não em processos subjetivos, qualitativos, tais como sentimentos, motivos e consciência.

Bem tangível – bem palpável, perceptível. Em geral, produtos que a empresa fabrica, diferentes dos serviços intangíveis, isto é, não palpáveis.

Bem intangível – bem não palpável, ou seja, aquele que não possui existência física. Como exemplos de bens intangíveis, temos os direitos autorais, as marcas, o capital intelectual, a reputação, etc.

Berton – cf. Luiz H. Berton.

Boudon – cf. Raymond Boudon.

Bourricaud – cf. François Bourricaud.

Bruno Henrique Rocha Fernandes – doutor em administração pela Faculdade de Economia, Administração e Contabilidade da Universidade de São Paulo (FEA-USP) e pesquisador visitante da Universidade de Cambridge, na Inglaterra. É autor do livro *Administração estratégica: da competência empreendedora à avaliação de desempenho*.

C

Característica demográfica – características geográficas dos indivíduos. Informações específicas que são baseadas na apresentação da população.

Capitão do mato – pessoa que cuidava da captura de escravos fugidos.

Cecília Whitaker Bergamini – psicóloga e professora da Escola de Administração de Empresas de São Paulo da Fundação Getulio Vargas (Eaesp/FGV). Consultora especializada em desenvolvimento organizacional, motivação e liderança. Autora de *Avaliação de desempenho na empresa*; *Psicologia aplicada à administração de empresas*; *Desenvolvimento de recursos humanos: uma estratégia de desenvolvimento organizacional*; *Liderança: administração do sentido* e *Motivação nas organizações*.

Cesta de benefícios – conjunto de benefícios disponibilizados pela empresa para que os funcionários escolham os que lhe interessam dentro de regras e limites.

Chão de fábrica – expressão utilizada para designar as atividades e operações no nível de produção de uma fábrica. Por extensão, fala-se também dos operários ou de outros profissionais que trabalham na operação ou produção.

Check-list – lista de verificação. Relação de todos os itens indispensáveis para execução de uma ação.

Cluster – conjunto de negócios similares aproximados geograficamente, como, por exemplo, algumas lojas de lustres localizadas em uma rua ou em um pequeno bairro.

Coach – literalmente, significa *treinador*. Nas empresas, esse termo é entendido como um processo em que o gerente, líder ou chefe apoia e orienta seu subordinado a melhorar seu desempenho. Genericamente, esse termo é entendido mais como um processo de *ajudar* – e não apenas de *ensinar* – o outro a pensar em como cuidar de sua trajetória profissional.

Coaching – técnica que visa aprimorar o desempenho e o aprendizado de outros. Envolve a prática de *feedbacks*, de questionamentos efetivos, de motivação e de alinhamento consciente entre o estilo gerencial de quem está fornecendo o *coaching* e a prontidão daquele que o está recebendo, para realizar uma determinada tarefa.

Coimbatore Krishnarao Prahalad – indiano naturalizado americano, conhecido como C. K. Prahalad. Doutor em administração por Harvard e professor titular de estratégia corporativa do programa de MBA da Universidade de Michigan, é o atual conselheiro do governo indiano para empreendedorismo e também autor de livros muito procurados.

É considerado o mais influente pensador do mundo dos negócios. É autor de *The multinational mission: balancing local demands and global vision* e do *best-seller Competindo pelo futuro*, escrito com Gary Hamel e publicado em 20 idiomas.

O futuro da competição e *A riqueza na base da pirâmide* também se tornaram, rapidamente, grandes sucessos de vendas, e são algumas de suas obras mais recentes. Muitos de seus artigos foram publicados nos mais importantes jornais e revistas do mundo, e receberam diversos prêmios, como o McKinsey Prize – melhor artigo do ano, entre os publicados na *Harvard Business Review* –, o prêmio de melhor artigo da década, entre os publicados no *Strategic Management Journal*, e o European Foundation for Management Award.

Commodity – produto primário de grande participação no comércio internacional; conceito popularmente utilizado para expressar que algo é de baixo valor em razão de sua abundância.

Competência – conceito que varia de acordo com o teórico, tendo, como ideia comum, a importância atribuída à ação, uma vez que não existe competência sem ação – considerando, ainda, sua diferença com relação à habilidade, algo que o indivíduo pode possuir e nunca utilizar. David McClelland, por exemplo, entende por *competência* as variáveis que levam a um desempenho superior. Enio Resende, por sua vez, trabalha tal conceito como *ação*, em vez de *latência de desempenho*. Gilbert, em seu livro *Human competence*, trata do conceito como o resultado da ação com a oportunidade e o tempo.

A competência tem de estar envolvida, de alguma forma, com a ação, podendo constituir o resultado, as variáveis que o definem ou o próprio desempenho.

Competência central da empresa – descrição dos pontos fortes e dos conhecimentos que permitem a uma empresa ser mais competitiva.

Competências essenciais – conjunto de forças principais de uma organização – atuais ou potenciais.

Competitividade – concorrência, disputa, chegar na frente, sobrepujar o outro. Força que uma empresa possui para enfrentar os concorrentes do mercado.

Convenção coletiva – espaço de negociações entre sindicatos de empregadores e de empregados. Anualmente, convoca-se a assembleia geral com a finalidade de se instalar o processo de negociações coletivas. Nesse processo, reajustes, pisos salariais e benefícios, direitos e deveres de patrões e empregados são objetos de negociações.

Cultura organizacional – práticas organizacionais que se tornaram consolidadas por terem se mostrado efetivas e que são usadas como referência para incorporar novos profissionais à organização.

D

David McClelland – mestre em psicologia pela Universidade de Missouri e doutor em psicologia pela Universidade de Yale, em 1941. Reconhecido internacionalmente por sua destreza em motivação e empreendimento humanos, McClelland ensinou e pesquisou por 57 anos. É lembrado por seu método, nem um pouco convencional, de estudar a personalidade humana.

O conjunto de características empreendedoras indicadas por David McClelland é adotado pelo Sebrae em suas soluções e seus produtos dirigidos aos empreendedores.

David Norton – fundador e diretor do Palladium Group, organização especializada em sistemas de aprimoramento de estratégias de negócios. Conferencista e autor de inúmeros livros, David Norton é mais conhecido por seu trabalho com o *balanced scorecard*, alvo de constantes análises. Doutorou-se em administração de empresas pela Harvard Business School.

Daniel Bell – graduado em sociologia pelo City College of New York e PhD pela Universidade de Colúmbia. Lecionou na Universidade de Colúmbia e na de Havard, onde é professor emérito. Foi diretor da Fundação Suntory e pesquisador residente da American Academy of Arts and Sciences.

Sua produção intelectual conferiu-lhe a insígnia de ser considerado um dos maiores intelectuais americanos desde o pós-guerra. Sua obra, até hoje, representa um marco nas discussões em economia, sociologia e economia política.

Suas principais obras são *O fim da ideologia, A vinda da sociedade pós-industrial: um risco na previsão social* e *As contradições culturais do capitalismo.*

Dubrin – cf. Andrew Dubrin.

E

Eficácia – conceito relacionado à ideia de fazer as coisas de forma correta, atingindo resultados. Diz respeito aos objetivos propostos, ou seja, à relação entre os resultados propostos e os atingidos. Muito ligada à ideia de eficiência, que diz respeito a fazer as coisas da melhor maneira possível, fazer bem-feito.

Eficiência – ação de boa qualidade, praticada corretamente, sem erros e orientada para a tarefa. Em outras palavras, diz respeito aos meios de se fazer bem certos processos, fazer certo um processo qualquer. Ressalte-se que o conceito de eficiência diferencia-se do conceito de eficácia. Nesse sentido, *eficiência* é cavar um poço artesiano com perfeição técnica, já *eficácia* é encontrar a água.

Empowerment – técnica gerencial que melhora os processos e o rendimento de uma empresa. O poder encontra-se descentralizado, por meio da delegação de poderes dos níveis hierárquicos mais elevados para os mais baixos. Trata-se do reconhecimento do valor dos funcionários, o que lhes delega o suficiente poder de decisão e responsabilidade para que possam resolver, com mais independência, os problemas de sua alçada.

Epilepsia – grupo de distúrbios cerebrais crônicos associados a perturbações nas descargas elétricas das células cerebrais e caracterizado por convulsões recorrentes, com ou sem turvação ou perda da consciência.

Escopo – foco específico de um determinado trabalho ou serviço, envolvendo o necessário para sua realização. Descreve, também, o que é preciso fazer para que se alcancem objetivos com os recursos e as funções especificadas.

Estratégia competitiva – estratégia que posiciona, fortemente, a empresa contra seus concorrentes e que lhe dá a vantagem estratégica mais forte possível. Denota, quase sempre, um programa geral de ação e alocação de ênfase e recursos, que visa atingir objetivos extensivos e abrangentes.

Éthos – segundo o dicionário *Houaiss*, conjunto de costumes e hábitos fundamentais, no âmbito do comportamento (instituições, afazeres, etc.) e da cultura (valores, ideias ou crença), característicos de uma determinada coletividade, época ou região.

F

Feedback – processo, também conhecido como realimentação ou retroinformação, que consiste em examinar a adequação de atos em execução ou já executados, em relação aos fins desejados. É a comparação do estado real atingido com o almejado. O resultado ou o produto regula o estado do sistema, indicando o que é preciso manter ou mudar.

Fernandes – cf. Bruno Henrique Rocha Fernandes.

Francisco Lacombe – professor da Universidade Federal do Rio de Janeiro (UFRJ). Lecionou em diversas instituições, entre as quais se destacam a Fundação Getulio Vargas (FGV) e a Universidade Santa Úrsula, onde foi coordenador do curso de administração. Possui, ainda, larga experiência como executivo e consultor. É autor, entre outros livros, de *Administração, princípios e tendências*.

François Bourricaud – figura original da sociologia francesa, de tradição weberiana. Foi um crítico da obra de Pierre Bourdieu e desenvolveu o conceito de *ator racional*, em colaboração com Raymond Boudon. Ele também contribuiu para a disseminação do individualismo metodológico e institucional, a serviço de uma verdadeira sociologia crítica.

A partir de uma leitura dos clássicos da psicologia social americana – que ele ajudou a tornar conhecidos na França –, questiona as bases do poder, os métodos de governo, e procura estabelecer uma teoria da autoridade *racional-legal*.

Sua produção intelectual girou, principalmente, em torno da sociologia política e da sociologia da etnia e mixagem. Suas teorias eram elaboradas a partir da observação direta. Devido a isso, em 1952, ele se estabeleceu por um ano na pequena cidade de Puno, no Peru, às margens do lago Titicaca para estudar a vida dos nativos. Bourricaud propôs, por meio de suas observações, uma nova abordagem para os fenômenos de mudança social, em desacordo com as teorias então dominantes da explicação do subdesenvolvimento. Lecionou em Bordeaux e na Sorbonne por muitos anos.

Fundamentação psicométrica – teoria e técnica psicológica de medição mental. Ramo da psicologia que lida com fatores mensuráveis.

G

Gary Hamel – professor de administração estratégica internacional na London Business School. Possui experiência como consultor, tendo prestado consultoria a empresas no mundo inteiro, como Rockweel, Motorola, Alcoa, Nokia, EDS, Ford e Dow Chemical.

Gestão de riscos – conjunto de técnicas que, baseadas em um padrão estatístico ou determinista, busca avaliar as perdas para uma determinada empresa ou instituição, em caso de variação nas condições de mercado ou operacionais.

Gestão de pessoas – administração, gerência de pessoas. Baseia-se no fato de que o desempenho de uma organização depende, fortemente, da contribuição das pessoas que a compõem, da forma como elas estão organizadas, como são estimuladas e capacitadas, e como são mantidas em ambiente de trabalho adequado. Atualmente, as práticas de gestão de pessoas estão passando por uma transição, o que indica que algumas organizações procuram a incorporação de modelos de estímulo ao significado do trabalho para as pessoas, incentivando o trabalho em equipe, a autonomia, o reconhecimento e a compensação pelo resultado obtido.

Gestão de recursos humanos (GRH) – atividades vinculadas à área ou ao departamento de recursos humanos de uma empresa, normalmente agrupadas em subáreas funcionais, tais como recrutamento e seleção, treinamento e desenvolvimento, remuneração, etc. Diz respeito também à formulação e à prática de políticas de gestão de pessoas, que envolvem a atração, a retenção e o desenvolvimento dos profissionais da organização.

Gestão por competência – modelo de gestão que visa ao aumento da obtenção de bons resultados por meio do desenvolvimento de competências – aplicação do conhecimento. De acordo com esse método, é necessário verificar as competências cujo desenvolvimento é indispensável ao crescimento da empresa e correlacioná-las às competências existentes na equipe.

Gilberto Heilborn – professor da Fundação Getulio Vargas (FGV) por cerca de 20 anos. Lecionou nos Cursos de Administração de Empresas (Cademp/FGV) e em institutos como Escola Brasileira de Administração Pública e de Empresas (Ebape/FGV), Escola Interamericana de Administração Pública (Eiap) e Instituto Superior de Estudos Contábeis (Isec). Foi autor, junto com Francisco Lacombe, de *Administração, princípios e tendências*.

Globalização – processo típico da segunda metade do século XX, que conduz à crescente integração das economias e das sociedades dos vários países, especialmente, no que tange à difusão de informações, à produção de mercadorias e serviços, e aos mercados financeiros.

H

Hamel – cf. Gary Hamel.

Heilborn – cf. Gilberto Heilborn.

Henry Mintzberg – professor de gerência de estudos na Universidade de McGill, em Montreal. Seu trabalho identificou 10 papéis gerenciais, divididos em três áreas: fazer interpessoal, da informação e de decisão. Essas funções são muito úteis para que os gerentes examinem e administrem seu tempo.

Homeostase – tendência à estabilidade do meio interno do organismo (fisiologia); propriedade autorreguladora de um sistema ou organismo que permite manter o estado de equilíbrio de suas variáveis essenciais ou de seu meio ambiente (cibernética).

I

Inovação – aperfeiçoamento de um produto, criação de um novo produto a partir de outro já existente, desenvolvimento de uma nova área, de um novo setor no campo da pesquisa ou da tecnologia.

Insight – revelação súbita de uma ideia, um estalo repentino, uma iluminação súbita mediante a qual se capta diretamente a realidade de um objeto, de um problema e sua solução. Normalmente, é precedida por um momento de introspecção.

Inteligência interpessoal – capacidade de entender e reagir, de maneira adequada, a humores, temperamentos, ideias, valores, desejos e interesses de outras pessoas.

Inteligência intrapessoal – na perspectiva da *teoria das inteligências múltiplas*, diz respeito ao processo ou à inteligência envolvida no autoconhecimento e na reflexão sobre si próprio, sobre as habilidades pessoais, motivos, etc.

Intranet – rede interna que usa as mesmas ferramentas da internet. Fornece os recursos básicos de comunicação e ajuste que os usuários esperam de uma internet, com uma grande vantagem em relação aos antigos sistemas – o menor dispêndio de capital.

J

James Brian Quinn – autoridade reconhecida nos domínios do planejamento estratégico, da gestão da mudança tecnológica, da inovação empresarial e do impacto da tecnologia no setor de serviços. Bacharel em administração pela Universidade de Yale, especialista pela Universidade de Havard e PhD pela Universidade de Columbia. É coautor de *O processo da estratégia*.

Jim Kochanski – bacharel em administração de empresas pela Universidade de Maryland e mestre em desenvolvimento de recursos humanos pela American University. Possui mais de 20 anos de consultoria e experiência empresarial. Antes de ser consultor da Sibson, ocupou as funções de diretor de RH da Nortel Networks, The Quaker Oats Company e da Kellogg Company. É membro da Sociedade para a Gestão de Recursos Humanos e da Worldat Work.

John Whitmore – presidente executivo da Performance Consultants. Pensador eminente da mudança organizacional e de liderança. Trabalha globalmente com as principais empresas multinacionais oferecendo *coaching* de gestão de programas de liderança e culturas. Escreveu cinco livros sobre *coaching* de liderança e esportes, dos quais *Coaching for performance* é o mais conhecido, tendo vendido 500 mil cópias em 17 idiomas.

K

Know-how – segundo o dicionário *Aurélio*, designa os conhecimentos técnicos, culturais e administrativos.

L

Lacombe – cf. Francisco Lacombe.

Liderança transformacional – processo no qual líderes e seguidores elevam uns aos outros a altos níveis de moralidade e motivação. Consiste em algo como *crescer* e *fazer crescer*.

Lógos – termo grego que significa razão; o princípio da inteligibilidade.

Luiz H. Berton – doutor em engenharia de produção pela Universidade Federal de Santa Catarina (UFSC) e pró-reitor de pós-graduação do Centro Universitário Positivo. É autor de *Administração estratégica: da competência empreendedora à avaliação de desempenho*.

M

Meta – marca intermediária a ser alcançada para que um objetivo seja atingido.

Mintzberg – cf. Henry Mintzberg.

Missão – razão de existir de uma organização, que constitui seus valores e objetivos. É um compromisso estabelecido que deverá ser cumprido. A missão faz parte da estratégia e é uma importante ajuda para a unificação e a motivação dos membros de uma entidade.

Modelo de capital – diversos arranjos possíveis, em termos de fontes de recursos financeiros, para aportarmos capital para o desenvolvimento de negócios ou de um dado negócio.

Modelo de gestão – tipos de gerenciamentos adotados por uma dada organização, escolhidos pelos acionistas e pela alta direção em face da natureza do negócio, dos valores, das estratégias, etc. Dessa forma, por possuir características e necessidades próprias, cada organização buscará por um modelo de gestão adequado a isso.

Modelo de negócio – forma pela qual uma empresa cria valor para todos os seus principais públicos de interesse. Sua utilização ajuda a identificar, de forma estruturada e unificada, os diversos elementos que compõem todas as formas de negócios.

Modelo SWOT – ferramenta utilizada para fazer análise de cenário (ou análise de ambiente). Serve como base para a gestão e para o planejamento estratégico de uma corporação ou empresa, mas, pode, devido a sua simplicidade, ser utilizada para qualquer tipo de análise de cenário, desde a criação de um *blog* à gestão de uma multinacional. A técnica é creditada a Albert Humphrey, que liderou um projeto de pesquisa na Universidade de Stanford nas décadas de 1960 e 1970, usando dados da revista *Fortune* das 500 maiores corporações. O termo SWOT é uma sigla oriunda do idioma inglês e é um acrônimo de:

- *Strengths* – forças;
- *Weaknesses* – fraquezas;
- *Opportunities* – oportunidades;
- *Threats* – ameaças.

Motivação – conjunto de fatores psicológicos, que, conjugados entre si, podem estimular o indivíduo, determinando uma conduta apropriada a um fim específico. Os fatores dos quais se origina a motivação podem ser de ordem fisiológica, afetiva ou intelectual.

Mudança cultural – processo de transformação do caráter de uma organização.

Mudança estrutural – mudança fundamental de um tipo de atividade de produção para outro. Vender uma siderúrgica e usar o dinheiro para criar uma empresa de processamento de dados representa uma mudança estrutural – de manufatura para o processamento de informações. No entanto, vender uma siderúrgica e usar o dinheiro para abrir uma indústria de panelas antiaderentes não é uma mudança estrutural, é, meramente, o deslocamento de um tipo de atividade de manufatura para outro.

Mudança tecnológica – grande transformação no sistema de tecnologia de uma empresa, como, por exemplo, implementação de rede interna tipo SAP.

N

Norton – cf. David Norton.

O

Oneroso – dispendioso; que ocasiona muitos gastos, despesas.

Organização não governamental (ONG) – entidade comunitária que não possui nenhum vínculo com o governo municipal, estadual ou federal. Não possui interesse comercial direto, não tem fins lucrativos e atende aos membros da comunidade.

O termo ONG foi usado pela primeira vez, em 1950, pela Organização das Nações Unidas (ONU) para definir toda organização da sociedade civil que não estivesse vinculada a um governo.

Outplacement – solução profissional elaborada com o objetivo de conduzir com dignidade e respeito os processos de demissão nas companhias. É um sistema de *ganha-ganha*, que busca o benefício de todos os envolvidos.

Embora compreenda também a recolocação, o *outplacement* é uma atividade mais abrangente. Faz parte de seu papel prestar ajuda no preparo do currículo, provendo um trabalho *fim a fim* na transição de carreira do profissional.

Quando uma consultoria em *outplacement* é contratada, tem como objetivo acolher o profissional desde o momento da demissão até a orientação sobre a melhor maneira de recomeçar, fazendo com que o profissional repense e redimensione sua carreira.

P

Páthos – termo grego que abrange o conjunto dos sentimentos e das emoções.

Planejamento – função da administração de tomar decisões, consciente e sistematicamente, sobre objetivos e atividades que uma pessoa, um grupo, uma unidade de trabalho ou toda a organização irão buscar.

Planejamento estratégico – metodologia gerencial de formular estratégias que permitem estabelecer a direção a ser seguida pela empresa, visando ao maior grau de interação com o ambiente e ao alcance dos objetivos planejados.

O planejamento estratégico é uma das funções da administração estratégica. Enquanto esta está mais para a *visão de floresta*, o planejamento estratégico está mais para a *visão de árvore*.

Os produtos do planejamento estratégico incluem diretrizes amplas e gerais, como, por exemplo, mercados a serem buscados.

Plano de carreira – conjunto de princípios, diretrizes e normas que regulam o desenvolvimento profissional dos funcionários de cargos que integram determinada carreira, constituindo-se em instrumento de gestão do órgão ou entidade. São estratégias de crescimento e desenvolvimento individual que visam à melhoria de cargos e ao aumento salarial.

Para um bom plano de carreira, o profissional deve delimitar suas competências, seus defeitos, suas oportunidades, suas estratégias, a fim de alcançar uma determinada meta.

Política de remuneração – diretrizes gerais e amplas para o sistema de remuneração dos funcionários.

Portfólio – carteira, do ponto de vista da economia; por extensão, termo utilizado para expressar carteira ou conjunto de negócios, de produtos, de clientes, etc.

Prahalad – cf. Coimbatore Krishnarao Prahalad.

Premência – termo que significa urgência.

Processo cognitivo – processo relacionado à cognição. Todas as formas de conhecimento e consciência, tais como perceber, conceber, lembrar, raciocinar, julgar, imaginar e resolver problemas.

Programas *in company* – programas com conteúdo customizado para atender às demandas de empresas, universidades corporativas, organizações públicas e entidades do terceiro setor, de acordo com suas necessidades de treinamento, disponibilidade de tempo e local.

Psicologia behaviorista – psicologia que adota os princípios do behaviorismo e cujas atividades são conscientemente guiadas por esses princípios.

Q

Qualidade – propriedade, atributo ou condição de coisas ou pessoas que as caracteriza e ou distingue de outras.

Quinn – cf. James Brian Quinn.

R

Raymond Boudon – sociólogo francês e professor de filosofia. Concluiu seus estudos superiores em Sorbonne (École Normale Superieure), na Universidade de Freiburg, Alemanha, e na Universidade de Colúmbia, Nova Iorque. Raymond também se doutorou em letras, pela Sorbonne.

Investiga temas como a mobilidade social e sociologia da educação, metodologia e epistemologia das ciências sociais, sociologia do conhecimento, sociologia dos sentimentos e valores morais.

Membro do Conselho Editorial de *O ano em sociologia* (Paris), *Racionalidade e sociedade* (Chicago), *Teoria e decisão* (Berlim), *Revista de sociologia da Suíça* (Berna) e *Tese* (Moscou). Diretor da coleção *Sociologia*, pela Presses Universitaires de France (Paris). Membro do Conselho Editorial da *Filosofia da ciência*, coleção *Métodos* (Barcelona).

Pesquisador do Centre National de la Recherche Scientifique (CNRS). Diretor do Centro de Estudos Sociológicos, em Sorbonne. Professor da Universidade de Bordéus e da Universidade de Paris-Sorbonne. Ensinou, como professor convidado, nas seguintes universidades: Harvard, Chicago, Oxford, Estocolmo, Bocconi, Milão, Universidade de Roma, Universidade Laval, Universidade de Genebra e Universidade de Trento.

Recebeu, em 2008, o prêmio científico Tocqueville. Possui cadeira na Academia Europeia de Sociologia. Doutor *honoris causa* das universidades de Antuérpia (Bélgica) e Cluj (Romênia). É autor de diversos livros.

Reforço positivo – procedimento de apresentar um reforçador positivo após uma resposta.

Reforço negativo – remoção, prevenção ou adiamento de um estímulo aversivo como consequência de uma resposta, que, por sua vez, aumenta a probabilidade daquela resposta.

Robbins – cf. Stephen Robbins.

S

Sinergia – trabalho ou esforço coordenado de vários subsistemas na realização de uma tarefa complexa ou uma função. Deriva do grego *synergía*, cooperação (*sýn*) juntamente com trabalho (*érgon*).

Em fisiologia, define-se como o ato simultâneo de diversos órgãos ou músculos para o mesmo fim.

Na teoria de sistemas, pode-se definir como a convergência das partes de um todo que concorrem para um mesmo resultado.

Genericamente, define-se como o efeito resultante da ação de vários agentes que atuam da mesma forma, cujo valor é superior ao valor do conjunto desses agentes, se atuassem individualmente.

Sistema – conjunto de partes interdependentes que processam insumos e os transformam em resultados.

Software – parte lógica de uma máquina, ou seja, os dados, as rotinas e os programas desenvolvidos para computadores. O conceito de *software* é contraposto ao de *hardware* (parte física da máquina).

Status quo – estado em que algo se encontra, estado atual.

Stephen Robbins – autor consagrado nas áreas de *management* e comportamento organizacional. Vendeu mais de 2 milhões de livros, usados em cerca de mil universidades norte-americanas, além das de outros países, já que seu *best-seller*, *Comportamento organizacional*, é muito utilizado na América Central, na América do Sul, na Austrália e na China. Robbins obteve PhD na Universidade do Arizona. Trabalha como consultor de *management* para a Shell e Reynolds Metals, sendo professor emérito da San Diego State University.

T

Tabulação – modo padronizado de dispor dados.

Tecnologia *hard* – máquinas, equipamentos, estrutura.

Tecnologia *soft* – expressão que diz respeito à inteligência do processamento.

Tempos modernos – filme de Charles Chaplin, lançado em 1936. Faz uma crítica ao sistema capitalista na década de 1930. Carlitos, personagem principal do filme – interpretado por Charles Chaplin –, consegue ser empregado em uma indústria, logo após, ele apaixona-se por uma jovem e também se torna um influente líder grevista. Na segunda parte do filme, é mostrada a grande desigualde existente entre a classe dos trabalhadores assalariados e a burguesia na época. É considerado um filme polêmico por ser considerado socialista. Teve sua exibição proibida na Alemanha de Hitler e na Itália de Mussolini. É considerado juntamente com os filmes *O Garoto* e o *Grande ditador*, um marco na história do cinema.

Trainee – universitário recém-formado que já produz para alguma organização, porém sem ainda ser funcionário efetivo da mesma, e que já está em um grau mais elevado que o do estagiário comum.

Turnover – nível de rotatividade dos funcionários que trabalham em uma determinada empresa.

V

Valor – algo, objeto de estima, desejo, apreço.

Vantagem competitiva – ideia de marketing que é vista por seu mercado-alvo como melhor do que a ideia do concorrente.

Visão – em termos empresariais, trata-se do estado futuro desejável projetado pela organização para longo prazo. A partir disso, são formuladas as bases para o planejamento estratégico, por exemplo.

Vis-à-vis – expressão francesa que possui o significado *de frente a frente, em face, defronte*.

Autoavaliações – Gabaritos e comentários

Módulo I – Contexto e importância dos recursos humanos

Questão 1:

Gabarito: b

a) aumento de custo.
b) fidelização dos clientes.
c) manutenção do padrão de produtos e serviços.
d) abandono de estratégias de suprimentos e distribuição.

Comentários:

Como todos acabam tendo o preço, praticamente, no mesmo patamar, o diferencial, em termos de lucro e de rentabilidade para as empresas, tornou-se muito mais complexo, porque passou a requerer:

- redução de custos;
- ganhos de produtividade;
- fidelidade dos clientes;
- estratégias aprimoradas de suprimentos e distribuição;
- inovação contínua em produtos, serviços, processos, modelos de gestão e de negócios.

Questão 2:

Gabarito: c

a) lucros adicionais.
b) apoio à organização.
c) vantagem competitiva.
d) diferencial estratégico.

Comentários:

Essa avaliação faz-se necessária devido aos grandes custos que esses investimentos na área de gestão de recursos humanos podem trazer. Em uma perspectiva estratégica, os recursos humanos são entendidos, hoje, como vantagem competitiva, diferentemente da perspectiva adotada no passado, segundo a qual vantagem competitiva equivalia a ter estoque de produtos.

Questão 3:

Gabarito: b

a) a raridade.
b) a previsibilidade.
c) o valor de eficiência.
d) a dificuldade de imitação.

Comentários:

Um recurso estratégico deve ser valioso, raro e de difícil imitação. O conceito de valor propõe a articulação entre eficiência profissional e eficácia. Desse modo, a aquisição de valor depende tanto da realização profícua das tarefas designadas (eficiência) quanto da identificação dessas tarefas e da criação de valor percebido e atraente para clientes e, portanto, para os negócios (eficácia). A raridade consiste na percepção das competências profissionais de determinada organização como únicas ou exclusivas. E, por fim, a dificuldade de imitação pressupõe menor atuação da concorrência em médio e longo prazos.

Questão 4:

Gabarito: c

a) pela tecnologia.
b) pelos processos.
c) **pelos recursos humanos.**
d) pelas ações das empresas na bolsa.

Comentários:

A Gestão de RH teve seu papel transformado quando a qualidade deixou de ser um diferencial e tornou-se uma exigência do mercado. Como os diferenciais não podem decorrer apenas de tecnologia, processos e atributos de qualidade (por serem facilmente copiados), os recursos humanos passaram a ser reconhecidos como um fator (senão o único) que cria diferenciais agregadores de valor.

Questão 5:

Gabarito: a

a) **custos.**
b) coisas concretas.
c) interações sociais.
d) informações e conhecimentos.

Comentários:

Competências podem ser categorizadas em competências relacionadas a lidar com:

- conceitos;
- coisas concretas;

- interações sociais;
- informações e conhecimentos.

Questão 6:

Gabarito: b

a) uma ação objetiva e infalível.
b) um olhar de cima, para frente.
c) uma forma de ir além dos limites.
d) uma maneira desleal de competir.

Comentários:

Em termos organizacionais, estratégia seria algo como buscar resultados futuros consistentes, a partir de resultados presentes sustentáveis. Portanto, podemos dizer, simplificadamente, que a perspectiva estratégica consiste em não perder de vista aquilo que se pode vir a alcançar à frente, no futuro.

Questão 7:

Gabarito: b

a) definir novos rumos à organização.
b) priorizar o pensamento a curto prazo.
c) buscar assumir o controle sobre o destino.
d) superar e transformar ameaças em oportunidades.

Comentários:

O processo crítico seria o de pensar a longo – e não a curto – prazo. Além desse processo, podemos citar:

- vender ideias;
- promover mudanças;
- olhar o futuro e enxergar oportunidades;
- alinhar pessoas e equipes aos objetivos comuns;
- acelerar o processo educacional de praticar a interação e a negociação.

Questão 8:

Gabarito: d

a) amigo.
b) treinador.
c) controlador.
d) coordenador.

Comentários:

No processamento, passamos de um caráter *controlador* para um caráter *coordenador*. Desse modo, estudiosos da administração passaram a valorizar a gestão que prioriza o desenvolvimento das pessoas como fator decisivo para o futuro das organizações.

Questão 9:

Gabarito: c

a) a tradição e o conhecimento técnico.
b) a competitividade e a busca pela perfeição.
c) a inteligência e a disposição para a inovação.
d) a preservação das formas de trabalho e o autocontrole dos funcionários.

Comentários:

O conhecimento, que, em outros tempos, poderia ser considerado um recurso escasso, transforma-se em *commodity*. Diante disso, a inteligência e a disposição para a inovação passam a ser valorizados.

Questão 10:

Gabarito: b

a) os clientes.
b) os valores.
c) os gerentes.
d) os concorrentes.

Comentários:

A visão de negócio da empresa antevê uma oportunidade de realização econômica. A visão é criada a partir de diversos fatores, tais como:

- os valores;
- os recursos disponíveis;
- as necessidades de empreender ou de resolver situações específicas.

Módulo II – Mudanças sob perspectiva estratégica

Questão 1:

Gabarito: c

a) reafirmar o papel da GRH como um parceiro estratégico.
b) promover a ideia de que todos os gerentes são gerentes de RH.
c) encorajar os gerentes a examinarem o sistema de GRH em seu setor.
d) colocar o departamento de RH na perspectiva de um provedor de serviços.

Comentários:

Os gerentes não devem ser estimulados a examinarem apenas o sistema de GRH de seu setor, mas devem ser encorajados a olhar esse sistema como um todo.

Questão 2:

Gabarito: c

a) a divulgação da visão futura que alimentou a intenção da mudança.
b) a busca por transparência em relação às consequências das mudanças.
c) a adoção de uma postura combativa em relação a possíveis desconfianças.
d) o reconhecimento do medo que os funcionários podem ter em relação às mudanças.

Comentários:

A GRH deve estar preparada para lidar com desconfianças, que podem ser comuns até que os primeiros resultados venham a aparecer.

Questão 3:

Gabarito: a

a) tradição.
b) mudanças.
c) negociações.
d) resistências.

Comentários:

Podemos elencar, entre os temas mais insistentemente citados no ambiente organizacional, os seguintes:

- conflitos;
- mudanças;
- resistências;
- negociações;
- gestão de mudanças;
- flexibilidade organizacional.

Questão 4:

Gabarito: d

a) fazer de forma usual.
b) manter-se no mesmo local.
c) dispor na ordem tradicional.
d) alterar o rumo de alguma coisa.

Comentários:

Em uma conceituação simples, mudança é alterar o rumo ou ritmo de alguma coisa. É fazer de forma diferente da forma usual. Devemos diferenciar mudança daquilo que se pode chamar de *adaptação* ou *ajuste natural*, que se dá quando ocorrem alterações não intencionais no ambiente empresarial.

Questão 5:

Gabarito: c

a) teóricas e práticas.
b) positivas e negativas.
c) incrementais e radicais.
d) necessárias e supérfluas.

Comentários:

Podemos categorizar mudanças intencionais em incrementais e radicais. A diferença entre mudanças incrementais e mudanças radicais está no quanto estas mudanças alteram a forma de funcionamento de um negócio.

Questão 6:

Gabarito: c

a) alteram, profundamente, princípios básicos do negócio.
b) modificam, completamente, os objetivos secundários do negócio.
c) trazem melhorias sem afetar profundamente os princípios básicos do negócio.
d) acarretam benefícios para um aspecto do negócio, mas podem complicar outros aspectos.

Comentários:

As mudanças incrementais trazem melhorias sem afetar ou alterar profundamente os princípios básicos do negócio ou a forma de fazer o negócio funcionar. Desse modo, elas são uma espécie de estabilização dinâmica, fazendo mais ou melhor do mesmo.

Questão 7:

Gabarito: a

a) o enfrentamento entre pessoas fortemente objetivas e entre pessoas mais racionais.
b) a disputa entre pessoas que querem, simplesmente, ganhar e pessoas que querem cooperar.
c) as discussões entre indivíduos que se firmam em posições rígidas e indivíduos que buscam ampliar interesses.
d) o embate entre indivíduos centrados no que tem de ser feito, em suas atividades na empresa, e indivíduos mais preocupados com a forma, com as relações e com as pessoas.

Comentários:

Na verdade, uma causa frequente de conflitos costuma derivar do enfrentamento entre pessoas fortemente objetivas e racionais e pessoas mais afetivas e sentimentais.

Questão 8:

Gabarito: b

a) os avanços tecnológicos em escala jamais vista.
b) a diminuição da competição entre empresas e entre nações.

c) a intensificação da chamada globalização política, econômica, cultural, social.

d) o maior poder de influência e pressão de entidades representantes de minorias.

Comentários:

Não podemos considerar que houve diminuição da competição entre empresas, mas que há uma competição acirrada em todos os níveis – entre nações, entre empresas e entre indivíduos –, impondo novos desafios no tratamento de questões como a da soberania nacional, a da responsabilidade social e a da ética nas relações de trabalho.

Questão 9:

Gabarito: a

a) gerir riscos.
b) argumentar.
c) gerir conflitos.
d) trabalhar em equipe.

Comentários:

Flexibilidade e rapidez nos processos decisórios e habilidade de gerir riscos estão entre as capacidades empresariais que vêm sendo desenvolvidas para fazer frente a um cenário de mudanças constantes.

Questão 10:

Gabarito: d

a) funcional.
b) coercitiva.

c) qualitativa.
d) estratégica.

Comentários:

Podemos avaliar a GRH em sua dimensão funcional ou em sua dimensão estratégica. No que diz respeito à dimensão estratégica, é avaliado em que medida a GRH atua procurando apoiar a implementação da estratégia empresarial e assegurando as competências, as políticas e o ambiente adequados para futuros embates.

Módulo III – Sistemas de atração e de desenvolvimento dos recursos humanos

Questão 1

Gabarito: a

a) começa no processo de recrutamento.
b) alcança, na maioria das vezes, a pós-carreira.
c) contempla, poucas vezes, o recrutamento e a seleção.
d) tem início no processo de planejamento de carreiras.

Comentários:

O recrutamento, que, de fato, inicia o processo de desenvolvimento, leva em consideração as competências necessárias a um determinado cargo, para que não sejam cometidos erros que possam significar ineficiência, o que talvez reduza a competitividade.

Questão 2:

Gabarito: b

a) a consulta a clientes.
b) os cadastros públicos.
c) as agências de emprego.
d) a recomendação de empregados.

Comentários:

Podemos citar, entre as principais formas de recrutamento, a consulta a clientes, as agências de emprego, as recomendações de empregados e, além disso, os anúncios e o recrutamento em universidades. Na utilização do anúncio, devemos atentar para a adequação do veículo às finalidades do recrutamento.

Questão 3:

Gabarito: b

a) a entrevista.
b) o exame médico.
c) o teste psicológico.
d) a dinâmica de grupo.

Comentários:

O exame médico não deve fazer parte de processos seletivos, porque o que interessa, nesse processo, é prever como será o desempenho do candidato na empresa e o exame médico não ajudará a esboçar essa previsão.

Questão 4:

Gabarito: b

a) excluir a escolha do programa da etapa de planejamento.
b) estabelecer foco em um público-alvo específico para garantir eficácia.
c) oferecer um grande número de cursos para assegurar um resultado eficaz.
d) convocar um grande número de participantes para avaliar o interesse dos funcionários.

Comentários:

O treinamento deve ser fornecido às pessoas certas, no momento certo. Fornecer treinamento a pessoas que não utilizarão a habilidade treinada representa, na verdade, apenas um custo adicional.

Questão 5:

Gabarito: d

a) ao cargo.
b) ao mercado.
c) ao cargo e não necessariamente à organização.
d) à organização e não necessariamente ao cargo.

Comentários:

Hoje em dia, as empresas querem profissionais com visão abrangente, holística, que se envolvam nos problemas da organização e na busca de soluções. Por isso, é importante ampliar o escopo do perfil da vaga e buscar candidatos que se adéquem à empresa e não especificamente ao cargo oferecido.

Questão 6:

Gabarito: a

a) diagnóstico, desenho, execução e avaliação.
b) confecção, avaliação, correção e reaplicação.
c) divulgação, desenho, execução e encerramento.
d) diagnóstico, confecção, execução e encerramento.

Comentários:

O processo de treinamento engloba quatro fases. Na primeira fase, é realizado um diagnóstico preciso das necessidades que o programa deverá suprir. A segunda fase consiste no desenho do programa de treinamento. Na terceira fase, temos a execução propriamente dita do programa. A quarta fase é a fase de avaliação, que deve assinalar – ou não – a necessidade de revisões futuras.

Questão 7:

Gabarito: d

a) o ambiente estimulante.
b) a remuneração competitiva.
c) a perspectiva de crescimento.
d) a preservação no cargo de origem.

Comentários:

Há algum tempo, bastava o fator remuneração para atrair e manter funcionários. Hoje, ao lado desse fator, são considerados os fatores ambiente de trabalho e perspectiva de crescimento.

Questão 8:

Gabarito: b

a) pessoas em busca de emprego.
b) profissionais oferecendo competências.
c) profissionais em busca de salários altos.
d) profissionais competindo no mercado de trabalho.

Comentários:

Da mesma forma que divulga seus produtos, a organização também deve divulgar por que vale a pena trabalhar nela. Muitas mudanças podem ocorrer quando as empresas passarem a enxergar o candidato como um profissional em busca de uma oportunidade para praticar suas competências e não como alguém pedindo emprego.

Questão 9:

Gabarito: d

a) o aumento do nível de diversidade na organização.
b) o estímulo à competição entre o indicado e os colegas de área.
c) a possibilidade de conseguir candidatos sem necessidade de oferecer atrativos.
d) o envolvimento e o compromisso por parte de quem indica e por parte de quem é indicado.

Comentários:

A indicação por funcionários da própria empresa reforça o envolvimento e o compromisso por parte de quem indica e de quem é indicado.

Questão 10:

Gabarito: b

a) critério.
b) conceito.
c) conteúdo.
d) alinhamento.

Comentários:

A validade de uma técnica é classificada em três categorias: validade de conteúdo, validade de critério e validade de conceito. A validade de conceito é aquela que verifica se o teste realmente avalia aquilo a que se propõe. A validade de critério analisa a efetividade do teste para predizer um comportamento, e a validade de conteúdo verifica se o teste abrange uma amostra relevante da competência mensurada.

Gestão estratégica de recursos humanos /

Módulo IV – Sistemas de avaliação, remuneração e liderança

Questão 1:

Gabarito: d

a) um alto grau de subjetividade na definição de tarefas.
b) a valorização dos laços de amizade entre os funcionários.
c) o tratamento isonômico na remuneração dos funcionários.
d) o alinhamento das expectativas de gestores e colaboradores.

Comentários:

Os resultados da avaliação de desempenho ajudam a avaliar a eficácia de programas de treinamento, permitem alinhamento de expectativas na organização, promovem um estímulo ao autoconhecimento e identificam desempenhos além ou aquém do esperado, gerando programas de melhoria de desempenho e de crescimento na carreira.

Questão 2:

Gabarito: b

a) as escalas de pontuação.
b) a árvore de desempenho.
c) a avaliação por atendimento de objetivos.
d) a comparação com padrões estabelecidos.

Comentários:

Existem várias técnicas de avaliação de desempenho. Algumas empresas usam um simples relatório, no qual o chefe registra seu parecer a respeito do desempenho de cada um de seus subordinados. Além dos exemplos mencionados, um quarto exemplo de técnica de avaliação de desempenho é a técnica dos incidentes críticos.

Questão 3:

Gabarito: d

a) a criação e o compartilhamento de novas ideias.
b) a ajuda e a colaboração no trabalho dos colegas.
c) a defesa e a promoção das metas gerais da organização.
d) o empenho no cumprimento de suas metas de produção.

Comentários:

Sob a perspectiva da cidadania organizacional, são avaliados comportamentos que revelam ações colaborativas e de compartilhamento, que demonstram o comprometimento com o sucesso competitivo da organização.

Questão 4:

Gabarito: d

a) devem valorizar a concessão de bônus individuais.
b) tornam a remuneração parte do sistema de recompensas.
c) buscam a retenção de membros desejáveis nas metas de custos.
d) diferenciam funções considerando responsabilidades, escopo e impacto.

Comentários:

Um dos objetivos de um sistema de remuneração é o de diferenciar funções e, ao mesmo tempo, assegurar a integração da empresa como um todo, o que, evidentemente, implica uma contradição.

Questão 5:

Gabarito: b

a) mista.
b) individual.
c) por equipe.
d) por entregas.

Comentários:

Remunerar a *performance* individual, normalmente, estimula a competição. Essa pode ser uma estratégia de remuneração adequada para área de vendas, por exemplo.

Questão 6:

Gabarito: a

a) behavioristas.
b) essencialistas.
c) motivacionais.
d) antiessencialistas.

Comentários:

A teoria behaviorista sustenta ser possível a obtenção de determinados comportamentos por meio de condicionamentos gerados pela aplicação de estímulos positivos e negativos. Muitas empresas têm utilizado esse sistema de recompensas a fim de obter um comportamento positivo e comprometido por parte de seus funcionários.

Questão 7:

Gabarito: b

a) negativa.
b) intrínseca.
c) extrínseca.
d) afirmativa.

Comentários:

A corrente que defende a motivação como um fator intrínseco afirma que a necessidade – consciente ou inconsciente – é o que move o indivíduo. Desse modo, conhecer cada indivíduo otimizaria a construção de um ambiente de trabalho no qual todos poderiam ter suas necessidades atendidas.

Questão 8:

Gabarito: b

a) *cluster*.
b) equipes *empowered*.
c) projetos de melhoria.
d) avaliações de desempenho.

Gestão estratégica de recursos humanos /

Comentários:

Equipes *empowered* são parte da estratégia competitiva da organização. Tais equipes são fortes porque os profissionais são qualificados, com níveis elevados de autonomia, responsabilidade e senso de urgência.

Questão 9:

Gabarito: b

a) competência técnica.
b) conhecimento teórico.
c) habilidade intrapessoal.
d) habilidade interpessoal.

Comentários:

Conhecimento funcional e habilidade para resolução de problemas completam ainda a lista das qualificações básicas para que uma equipe realize, de forma eficiente, suas tarefas.

Questão 10:

Gabarito: c

a) conter a autoconfiança dos integrantes.
b) definir metas genéricas de desempenho.
c) incentivar o comprometimento dos integrantes.
d) manter o foco na comunicação e não no desempenho.

Comentários:

Para a consolidação da equipe, compete à liderança, ainda:

- clarificar e reforçar os propósitos, as metas e o enfoque da equipe;
- incentivar a autoconfiança dos integrantes;
- fortalecer o *mix* e o nível das qualificações existentes;
- administrar as relações com o ambiente externo;
- criar oportunidades para outros membros.

Bibliografia comentada

DAVIS, K.; NEWSTROM, J. W. *Comportamento humano no trabalho*: uma abordagem psicológica. Tradução: Cecília Whitaker Bergamini e Roberto Coda. São Paulo: Pioneira, 1992.

    Aqui são analisadas (com rigor científico, mas de fácil compreensão, mesmo para não iniciados) aquelas dimensões que refletem o lado humano das organizações e às quais damos o nome genérico de *comportamento organizacional* (o significado do trabalho, a motivação, a liderança).

FLEURY, M. T. L.; OLIVEIRA, M. M. (Org.). *Gestão estratégica do conhecimento*: integrando aprendizagem, conhecimento e competências. São Paulo: Atlas, 2001.

    Pela primeira vez, por meio dessa obra, tenta-se juntar processos, ferramentas e mesmo conceitos até então introduzidos, de forma fragmentada, nas organizações. Essa visão integrada, conectada, é vital para uma compreensão da sinergia de importantes elementos – aprendizagem, conhecimento e competências – para a competitividade das organizações, e cujo sentido pode e deve ser contemplado em uma qualificada gestão estratégica de pessoas.

MILKOVICH, G. T.; BOUDREAU, J. W. *Administração de recursos humanos*. Tradução: Reynaldo C. Marcondes. São Paulo: Atlas, 2000.

    Essa obra identifica como podemos realizar a administração de recursos humanos. Embora estrangeiro, é um livro com conteúdo universal em termos de práticas, de ferramentas e de processos relacionados à área funcional de recursos humanos, e, portanto, claramente aplicáveis a nossa realidade.

Autor

João Baptista Brandão é psicólogo, formado pela Universidade de São Paulo, em Ribeirão Preto. Titulou-se como *master of science in management* pela California American University e como doutor pela Universidade Metodista de São Paulo. É professor da Escola de Administração de Empresas de São Paulo da Fundação Getulio Vargas (Eaesp/FGV) e de outras escolas, além de conferencista e consultor das áreas de gestão de pessoas, competitividade, inovação, liderança e gestão de carreira. Tem atuado também em atividades de *coaching* para empresários e executivos. Atuou em organizações como General Motors, Construtora Norberto Odebrecht, NovaDutra, Bradesco, Siemens, Souza Cruz, Rhodia-Agro, DuPont-Agro, Companhia Müller de Bebidas, Banco Itaú, Banco Santander-Banespa, Grupo Jacto, Fernandez Mera Negócios Imobiliários, Brasil Nissin Ajinomoto, entre outras. Coordena o programa Master em Liderança e Gestão de Pessoas da Eaesp/FGV.

FGV Online

Missão

Desenvolver e gerenciar tecnologias, metodologias e soluções específicas de educação a distância, sob a responsabilidade acadêmica das escolas e dos institutos da FGV, no âmbito nacional e internacional, liderando e inovando em serviços educacionais de qualidade.

Visão

Ser referência internacional na distribuição de produtos e serviços educacionais inovadores e de alta qualidade na educação a distância.

Cursos oferecidos

O FGV Online oferece uma grande variedade de tipos de cursos, desde atualizações até especializações e MBA:

- cursos de atualização;
- cursos de aperfeiçoamento;
- graduação;
- MBAs e cursos de especialização;
- soluções corporativas;
- cursos gratuitos (OCWC).

Cursos de atualização

Os cursos de atualização de 30 a 60 horas visam atender ao mercado de educação continuada para executivos. Professores-tutores – capacitados em educação a distância e especialistas na área em que atuam –

orientam os participantes. Vídeos, animações e jogos didáticos auxiliam a apreensão dos conteúdos apresentados nos cursos.

Os cursos de atualização são destinados aos interessados em rever e aprimorar suas atividades profissionais, além de interagir com profissionais da área. São cursos práticos que podem ser aplicados em seu dia a dia rapidamente. Para a realização dos cursos, é recomendável já ter cursado uma graduação.

Os cursos de atualização do FGV Online são veiculados, essencialmente, via internet. A utilização de diversos recursos multimídia fomenta a busca de informações, a reflexão sobre elas e a reconstrução do conhecimento, além de otimizar a interação dos alunos entre si e com o professor-tutor, responsável pelo suporte acadêmico à turma.

O curso tem duração aproximada de nove semanas.

Cursos de aperfeiçoamento

Os cursos de aperfeiçoamento de 120 a 188 horas são voltados para a formação e o desenvolvimento de competências gerenciais estratégicas com ênfases em áreas do conhecimento específicas. Para a realização dos cursos de aperfeiçoamento, é recomendável já ter cursado uma graduação.

Graduação

Os Cursos Superiores de Tecnologia a distância são cursos de graduação direcionados a profissionais que pretendam se apropriar de novas ferramentas e técnicas de gestão.

Considerando que, nos mercados competitivos, só sobrevivem as empresas que contam com a criatividade, a flexibilidade e a eficácia de seus colaboradores, os Cursos Superiores de Tecnologia visam atender tanto às organizações que buscam qualificar seus executivos quanto aos que não conseguem dar continuidade a sua formação, seja por falta de tempo para participar de cursos presenciais, seja porque não existem, na cidade em que residem, instituições de ensino superior.

Os Cursos Superiores de Tecnologia são diplomados pela Escola Brasileira de Administração Pública e de Empresas da Fundação Getulio

Vargas (Ebape/FGV). O diploma dos Cursos Superiores de Tecnologia, realizados a distância, contempla as mesmas especificações e tem idêntico valor ao dos diplomas das graduações presenciais.

MBAs e cursos de especialização

Tendo como pré-requisito o diploma de graduação, os MBAs e cursos de especialização a distância destinam-se a executivos que desejam se especializar em suas áreas de atuação, aliando conhecimento e *networking* profissional para acompanhar as frequentes mudanças no competitivo mercado de trabalho.

A metodologia do curso contempla, além do trabalho com diferentes ferramentas de internet, encontros presenciais, realizados em polos espalhados por todas as regiões do Brasil.

As disciplinas do curso são elaboradas por professores da FGV, enquanto os professores-tutores discutem o conteúdo, orientam atividades e avaliam trabalhos dos alunos no ambiente virtual de aprendizagem, via internet.

Os MBAs e cursos de especialização do FGV Online têm, no mínimo, 360 horas, e apresentam opções em diversas áreas de conhecimento:

- MBA Executivo em Administração de Empresas com ênfase em Gestão;
- MBA Executivo em Administração de Empresas com ênfase em Meio Ambiente;
- MBA Executivo em Administração de Empresas com ênfase em Recursos Humanos;
- MBA Executivo em Direito Empresarial;
- MBA Executivo em Direito Público;
- MBA Executivo em Finanças com ênfase em *Banking*;
- MBA Executivo em Finanças com ênfase em Controladoria e Auditoria;
- MBA Executivo em Finanças com ênfase em Gestão de Investimentos;
- MBA Executivo em Gestão e *Business Law*;
- MBA Executivo em Gestão Pública;
- MBA Executivo em Marketing;
- Especialização em Administração Judiciária;
- Especialização em Gestão da Construção Civil;

- Especialização em Gestão de Pequenas e Médias Empresas;
- Especialização em Negócios para Executivos – GVnext.

O MBA Executivo em Administração de Empresas é certificado, pela European Foundation for Management Development (EFMD), com o selo CEL, que avalia e certifica a qualidade dos programas das escolas de negócios.

Além dessas opções, o FGV Online possui dois MBAs internacionais: o MBA Executivo Internacional em Gerenciamento de Projetos (em parceria com a University of California – Irvine) e o Global MBA (em parceria com a Manchester Business School), que são programas destinados a executivos, empreendedores e profissionais liberais que, precisando desenvolver suas habilidades gerenciais, querem uma exposição internacional sem precisar sair do país.

Soluções corporativas

Definidas em parceria com o cliente, as soluções corporativas do FGV Online possibilitam que os colaboradores da empresa – lotados em diferentes unidades ou regiões, no país ou no exterior – tenham acesso a um único programa de treinamento ou de capacitação.

É possível ter, em sua empresa, todo o conhecimento produzido pelas escolas e unidades da FGV, na forma de educação a distância (*e-learning*). São soluções e produtos criados pela equipe de especialistas do FGV Online, com o objetivo de atender à necessidade de aprendizado no ambiente empresarial e nas universidades corporativas.

Os cursos corporativos do FGV Online são acompanhados por profissionais que, responsáveis pelo relacionamento empresa-cliente, elaboram todos os relatórios, de modo a registrar tanto todas as etapas do trabalho quanto o desempenho dos participantes do curso.

Cursos gratuitos (OCWC)

A Fundação Getulio Vargas é a primeira instituição brasileira a ser membro do OpenCourseWare Consortium (OCWC), um consórcio de instituições de ensino de diversos países que oferecem conteúdos e materiais didáticos sem custo, pela internet.

O consórcio é constituído por mais de 300 instituições de ensino de renome internacional, entre elas a Escola de Direito de Harvard, o Instituto de Tecnologia de Massachusetts (MIT), a Universidade da Califórnia (Irvine) e o Tecnológico de Monterrey, entre outras, provenientes de 215 países.

Atualmente, o FGV Online oferece mais de 40 cursos gratuitos – há programas de gestão empresarial, de metodologia de ensino e pesquisa, cursos voltados a professores de ensino médio, um *quiz* sobre as regras ortográficas da língua portuguesa, entre outros –, sendo alguns deles já traduzidos para a língua espanhola. A carga horária dos cursos varia de cinco a 30 horas.

Membro do OCWC desde julho de 2008, o FGV Online venceu, em 2011, a primeira edição do OCW People's Choice Awards – premiação para as melhores iniciativas dentro do consórcio –, na categoria de programas mais inovadores e de vanguarda. Em 2012, o FGV Online venceu, pelo segundo ano consecutivo, dessa vez na categoria de recursos mais envolventes.

Para saber mais sobre todos os cursos do FGV Online e fazer sua inscrição, acesse <www.fgv.br/fgvonline>.

Esta obra foi produzida nas
oficinas da Imos Gráfica e Editora na
cidade do Rio de Janeiro